Hugo von Hofman

Das Märchen der 672. Nacht und andere Erzählungen

Literaricon

Hugo von Hofmannsthal

Das Märchen der 672. Nacht und andere Erzählungen

ISBN/EAN: 9783959130271

Auflage: 1

Erscheinungsjahr: 2016

Erscheinungsort: Treuchtlingen, Deutschland

Literaricon Verlag Inhaber Roswitha Werdin, Uhlbergstr. 18, 91757 Treuchtlingen

www.literaricon.de

Dieser Titel ist ein Nachdruck eines historischen Buches. Es musste auf alte
Vorlagen zurückgegriffen werden; hieraus zwangsläufig resultierende
Qualitätsverluste bitten wir zu entschuldigen.

Das Märchen der 672. Nacht

und
andere Erzählungen

Umschlag von Walter Hampel

Wiener Verlag
Wien und Leipzig
1905

Druck der k. und k. Hofbuchdrucker
Fr. Winiker & Schickardt, Brünn.

Inhalt

Das Märchen
der 672. Nacht

1894

Ein junger Kaufmannssohn, der sehr schön war und weder Vater noch Mutter hatte, wurde bald nach seinem fünfundzwanzigsten Jahre der Geselligkeit und des gastlichen Lebens überdrüssig. Er versperrte die meisten Zimmer seines Hauses und entließ alle seine Diener und Dienerinnen, bis auf vier, deren Anhänglichkeit und ganzes Wesen ihm lieb war. Da ihm an seinen Freunden nichts gelegen war und auch die Schönheit keiner einzigen Frau ihn so gefangen nahm, daß er es sich als wünschenswert oder nur als erträglich vorgestellt hätte, sie immer um sich zu haben, lebte er sich immer mehr in ein ziemlich einsames Leben hinein, welches anscheinend seiner Gemütsart am meisten entsprach. Er war aber keineswegs menschenscheu, vielmehr ging er gerne in den Straßen oder öffentlichen Gärten spazieren und betrachtete die Gesichter der Menschen. Auch vernachlässigte er weder die Pflege seines Körpers und seiner schönen Hände

noch den Schmuck seiner Wohnung. Ja, die Schön=
heit der Teppiche und Gewebe und Seiden, der
geschnitzten und getäfelten Wände, der Leuchter und
Becken aus Metall, der gläsernen und irdenen Ge=
fäße wurde ihm so bedeutungsvoll, wie er es nie
geahnt hatte. Allmählich wurde er sehend dafür, wie
alle Formen und Farben der Welt in seinen Geräten
lebten. Er erkannte in den Ornamenten, die sich
verschlingen, ein verzaubertes Bild der verschlungenen
Wunder der Welt. Er fand die Formen der Tiere
und die Formen der Blumen und das Übergehen
der Blumen in die Tiere; die Delphine, die Löwen
und die Tulpen, die Perlen und den Akanthus;
er fand den Streit zwischen der Last der Säule
und dem Widerstand des festen Grundes und das
Streben alles Wassers nach aufwärts und wiederum
nach abwärts: er fand die Seligkeit der Be=
wegung und die Erhabenheit der Ruhe, das Tanzen
und das Totsein; er fand die Farben der Blumen
und Blätter, die Farben der Felle wilder Tiere
und der Gesichter der Völker, die Farbe der Edel=
steine, die Farbe des stürmischen und des ruhig

.euchtenden Meeres: ja, er fand den Mond und die Sterne, die mystische Kugel, die mystischen Ringe und an ihnen festgewachsen die Flügel der Seraphim. Er war für lange Zeit trunken von dieser großen, tiefsinnigen Schönheit, die ihm gehörte, und alle seine Tage bewegten sich schöner und minder leer unter diesen Geräten, die nichts Totes und Niedriges mehr waren, sondern ein großes Erbe, das göttliche Werk aller Geschlechter.

Doch er fühlte ebenso die Nichtigkeit aller dieser Dinge wie ihre Schönheit; nie verließ ihn auf lange der Gedanke an den Tod und oft befiel er ihn unter lachenden und lärmenden Menschen, oft in der Nacht, oft beim Essen.

Aber da keine Krankheit in ihm war, so war der Gedanke nicht grauenhaft, eher hatte er etwas Feierliches und Pruntendes und kam gerade am stärksten, wenn er sich am Denken schöner Gedanken oder an der Schönheit seiner Jugend und Einsamkeit berauschte. Denn oft schöpfte der Kaufmannssohn einen großen Stolz aus dem Spiegel, aus den Versen der Dichter, aus seinem Reichtum und seiner Klugheit, und die finsteren Sprichwörter drückten nicht auf seine Seele. Er sagte: „Wo du sterben sollst, dahin tragen dich deine Füße," und sah sich schön, wie ein auf der Jagd verirrter König, in einem unbekannten Wald unter seltsamen Bäumen einem fremden wunderbaren Geschick entgegengehen. Er sagte: „Wenn das Haus fertig ist, kommt der Tod" und sah jenen langsam heraufkommen über die von geflügelten Löwen getragene Brücke des Palastes, des fertigen Hauses, angefüllt mit der wundervollen Beute des Lebens.

Er wähnte, völlig einsam zu leben, aber seine vier Diener umkreisten ihn wie Hunde und obwohl er wenig zu ihnen redete, fühlte er doch irgendwie, daß sie unausgesetzt daran dachten, ihm gut zu dienen. Auch fing er an, hie und da über sie nachzudenken.

Die Haushälterin war eine alte Frau; ihre verstorbene Tochter war des Kaufmannssohns Amme gewesen; auch alle ihre anderen Kinder waren gestorben. Sie war sehr still und die Kühle des Alters ging von ihrem weißen Gesicht und ihren

weißen Händen aus. Aber er hatte sie gern, weil
sie immer im Hause gewesen war und weil die
Erinnerung an die Stimme seiner eigenen Mutter
und an seine Kindheit, die er sehnsüchtig liebte,
mit ihr herumging.

Sie hatte mit seiner Erlaubnis eine entfernte
Verwandte ins Haus genommen, die kaum fünfzehn
Jahre alt war; diese war sehr verschlossen. Sie
war hart gegen sich und schwer zu verstehen. Einmal warf sie sich in einer dunkeln und jähen
Regung ihrer zornigen Seele aus einem Fenster in
den Hof, fiel aber mit dem kinderhaften Leib in
zufällig aufgeschüttete Gartenerde, so daß ihr nur
ein Schlüsselbein brach, weil dort ein Stein in der
Erde gesteckt hatte. Als man sie in ihr Bett ge-
legt hatte, schickte der Kaufmannssohn seinen Arzt
zu ihr; am Abend aber kam er selber und wollte
sehen, wie es ihr ginge. Sie hielt die Augen geschlossen und er sah sie zum ersten Male lange ruhig
an und war erstaunt über die seltsame und alt-
kluge Anmut ihres Gesichtes. Nur ihre Lippen
waren sehr dünn und darin lag etwas Unschönes

und Unheimliches. Plötzlich schlug sie die Augen auf, sah ihn eisig und bös an und drehte sich mit zornig zusammengebissenen Lippen, den Schmerz überwindend, gegen die Wand, so daß sie auf die verwundete Seite zu liegen kam. Im Augenblick verfärbte sich ihr totenblasses Gesicht ins Grünlich= weiße, sie wurde ohnmächtig und fiel wie tot in ihre frühere Lage zurück.

Als sie wieder gesund war, redete der Kaufmanns= sohn sie durch lange Zeit nicht an, wenn sie ihm begegnete. Ein paarmal fragte er die alte Frau, ob das Mädchen ungern in seinem Hause wäre, aber diese verneinte es immer. Den einzigen Diener, den er sich entschlossen hatte, in seinem Hause zu behalten, hatte er kennen gelernt, als er einmal bei dem Gesandten, den der König von Persien in dieser Stadt unterhielt, zu Abend speiste. Da bediente ihn dieser und war von einer solchen Zuvorkommenheit und Umsicht und schien gleichzeitig von so großer Eingezogenheit und Bescheidenheit, daß der Kaufmannssohn mehr Ge= fallen daran fand, ihn zu beobachten, als auf die

Reden der übrigen Gäste zu hören. Um so größer
war seine Freude, als viele Monate später dieser
Diener auf der Straße auf ihn zutrat, ihn mit
demselben tiefen Ernst, wie an jenem Abend, und
ohne alle Aufdringlichkeit grüßte und ihm seine
Dienste anbot. Sogleich erkannte ihn der Kauf=
mannssohn an seinem düsteren, maulbeerfarbigen
Gesicht und an seiner großen Wohlerzogenheit. Er
nahm ihn augenblicklich in seinen Dienst, entließ
zwei junge Diener, die er noch bei sich hatte, und
ließ sich fortan beim Speisen und sonst nur von
diesem ernsten und zurückhaltenden Menschen be=
dienen. Dieser Mensch machte fast nie von der Er=
laubnis Gebrauch, in den Abendstunden das Haus
zu verlassen. Er zeigte eine seltene Anhänglichkeit
an seinen Herrn, dessen Wünschen er zuvorkam und
dessen Neigungen und Abneigungen er schweigend
erriet, so daß auch dieser eine immer größere Zu
neigung für ihn faßte.

Wenn er sich auch nur von diesem beim Speisen
bedienen ließ, so pflegte die Schüsseln mit Obst
und süßem Backwerk doch eine Dienerin aufzutragen,

ein junges Mädchen, aber doch um zwei oder drei
Jahre älter als die Kleine. Dieses junge Mädchen
war von jenen, die man von weitem, oder wenn
man sie als Tänzerinnen beim Licht der Fackeln auf=
treten sieht, kaum für sehr schön gelten ließe, weil
da die Feinheit der Züge verloren geht; da er sie
aber in der Nähe und täglich sah, ergriff ihn die
unvergleichliche Schönheit ihrer Augenlider und
ihrer Lippen und die trägen, freudlosen Bewegungen
ihres schönen Leibes waren ihm die rätselhafte
Sprache einer verschlossenen und wundervollen Welt.

Wenn in der Stadt die Hitze des Sommers
sehr groß wurde und längs der Häuser die dumpfe
Glut schwebte und in den schwülen, schweren Voll=
mondnächten der Wind weiße Staubwolken in den
leeren Straßen hintrieb, reiste der Kaufmannssohn
mit seinen vier Dienern nach einem Landhaus, das
er im Gebirg besaß, in einem engen, von dunklen
Bergen umgebenen Tal. Dort lagen viele solche
Landhäuser der Reichen. Von beiden Seiten fielen
Wasserfälle in die Schluchten herunter und gaben
Kühle. Der Mond stand fast immer hinter den

Bergen, aber große weiße Wolken stiegen hinter den schwarzen Wänden auf, schwebten feierlich über den dunkelleuchtenden Himmel und verschwanden auf der anderen Seite. Hier lebte der Kaufmanns= sohn sein gewohntes Leben in einem Haus, dessen hölzerne Wände immer von dem kühlen Duft der Gärten und der vielen Wasserfälle durchstrichen wurden. Am Nachmittag, bis die Sonne hinter den Bergen hinunterfiel, saß er in seinem Garten und las meist in einem Buch, in welchem die Kriege eines sehr großen Königs der Vergangenheit auf= gezeichnet waren. Manchmal mußte er mitten in der Beschreibung, wie die tausende Reiter der feindlichen Könige schreiend ihre Pferde umwenden oder ihre Kriegswagen den steilen Rand eines Flusses hinab= gerissen werden, plötzlich innehalten, denn er fühlte, ohne hinzusehen, daß die Augen seiner vier Diener auf ihn geheftet waren. Er wußte, ohne den Kopf zu heben, daß sie ihn ansahen, ohne ein Wort zu reden, jedes aus einem anderen Zimmer. Er kannte sie so gut. Er fühlte sie leben, stärker, eindringlicher, als er sich selber leben fühlte. Über sich empfand er zuweilen leichte Rührung oder Verwunderung, wegen dieser aber eine rätselhafte Beklemmung. Er fühlte mit der Deutlichkeit eines Alpdrucks, wie die beiden Alten dem Tod entgegenlebten, mit jeder Stunde, mit dem unaufhaltsamen leisen Anderswerden ihrer Züge und ihrer Gebärden, die er so gut kannte; und wie die beiden Mädchen in das öde, gleichsam luftlose Leben hineinlebten. Wie das Grauen und die tödliche Bitterkeit eines furchtbaren, beim Er= wachen vergessenen Traumes, lag ihm die Schwere ihres Lebens, von der sie selber nichts wußten, in den Gliedern.

Manchmal mußte er aufstehen und umhergehen, um seiner Angst nicht zu unterliegen. Aber wäh= rend er auf den grellen Kies vor seinen Füßen schaute und mit aller Anstrengung darauf achtete, wie aus dem kühlen Duft von Gras und Erde der Duft der Nelken in hellen Atemzügen zu ihm aufflog und dazwischen in lauen übermäßig süßen Wolken der Duft der Heliotrope, fühlte er ihre Augen und konnte an nichts anderes denken. Ohne den Kopf zu heben, wußte er, daß die alte Frau an ihrem

Fenster saß, die blutlosen Hände auf dem von der
Sonne durchglühten Gesims das blutlose, masken=
hafte Gesicht eine immer grauenhaftere Heimstätte
für die hilflosen schwarzen Augen, die nicht absterben
konnten. Ohne den Kopf zu heben, fühlte er, wenn
der Diener für Minuten von seinem Fenster zurück
trat und sich an einem Schrank zu schaffen machte;
ohne aufzusehen, erwartete er in heimlicher Angst den
Augenblick, wo er wiederkommen werde. Während
er mit beiden Händen biegsame Äste hinter sich
zurückfallen ließ, um sich in der verwachsensten Ecke
des Gartens zu verkriechen und alle Gedanken auf
die Schönheit des Himmels drängte, der in kleinen
leuchtenden Stücken von feuchtem Türkis von oben
durch das dunkle Genetz von Zweigen und Ranken
herunterfiel, bemächtigte sich seines Blutes und seines
ganzen Denkens nur das, daß er die Augen der
zwei Mädchen auf sich gerichtet wußte, die der Grö
ßeren träge und traurig, mit einer unbestimmten,
ihn quälenden Forderung, die der Kleineren mit
einer ungeduldigen, dann wieder höhnischen Auf=
merksamkeit, die ihn noch mehr quälte. Und dabei

hatte er nie den Gedanken, daß sie ihn unmittelbar
ansahen, ihn, der gerade mit gesenktem Kopfe umher-
ging, oder bei einer Nelke niederkniete, um sie mit
Bast zu binden, oder sich unter die Zweige beugte;
sondern ihm war, sie sahen sein ganzes Leben an,
sein tiefstes Wesen, seine geheimnisvolle menschliche
Unzulänglichkeit.

Eine furchtbare Beklemmung kam über ihn, eine
tödliche Angst vor der Unentrinnbarkeit des Lebens.
Furchtbarer, als daß die ihn unausgesetzt beob-
achteten, war, daß sie ihn zwangen, in einer unfrucht-
baren und so ermüdenden Weise an sich selbst zu
denken. Und der Garten war viel zu klein, um
ihnen zu entrinnen. Wenn er aber ganz nahe von
ihnen war, erlosch seine Angst so völlig, daß er das
Vergangene beinahe vergaß. Dann vermochte er es,
sie gar nicht zu beachten oder ruhig ihren Bewegungen zuzusehen, die ihm so vertraut waren, daß er
aus ihnen eine unaufhörliche, gleichsam körperliche
Mitempfindung ihres Lebens empfing.

Das kleine Mädchen begegnete ihm nur hie und
da auf der Treppe oder im Vorhaus. Die drei an-

deren aber waren häufig mit ihm in einem Zimmer.
Einmal erblickte er die Größere in einem geneigten
Spiegel; sie ging durch ein erhöhtes Nebenzimmer:
In dem Spiegel aber kam sie ihm aus der Tiefe
entgegen. Sie ging langsam und mit Anstrengung,
aber ganz aufrecht: Sie trug in jedem Arme eine
schwere hagere indische Gottheit aus dunkler Bronze.
Die verzierten Füße der Figuren hielt sie in der
hohlen Hand, von der Hüfte bis an die Schläfe
reichten ihr die dunklen Göttinnen und lehnten mit
ihrer toten Schwere an den lebendigen zarten Schul=
tern; die dunklen Köpfe aber mit dem bösen Mund
von Schlangen, drei wilden Augen in der Stirn
und unheimlichem Schmuck in den kalten, harten
Haaren, bewegten sich neben den atmenden Wangen
und streiften die schönen Schläfen im Takt der
langsamen Schritte. Eigentlich aber schien sie nicht
an den Göttinnen schwer und feierlich zu tragen,
sondern an der Schönheit ihres eigenen Hauptes
mit dem schweren Schmuck aus lebendigem, dunklem
Gold, zwei großen gewölbten Schnecken zu beiden
Seiten der lichten Stirn, wie eine Königin im

Kriege. Er wurde ergriffen von ihrer großen Schön=
heit, aber gleichzeitig wußte er deutlich, daß es ihm
nichts bedeuten würde, sie in seinen Armen zu halten.
Er wußte es überhaupt, daß die Schönheit seiner
Dienerin ihn mit Sehnsucht, aber nicht mit Ver=
langen erfüllte, so daß er seine Blicke nicht lange
auf ihr ließ, sondern aus dem Zimmer trat, ja
auf die Gasse, und mit einer seltsamen Unruhe
zwischen den Häusern und Gärten im schmalen
Schatten weiterging. Schließlich ging er an das
Ufer des Flusses, wo die Gärtner und Blumen=
händler wohnten, und suchte lange, obgleich er
wußte, daß er vergeblich suchen werde, nach einer
Blume, deren Gestalt und Duft, oder nach einem
Gewürz, dessen verwehender Hauch ihm für einen
Augenblick genau den gleichen süßen Reiz zu ruhigem
Besitz geben könnte, welcher in der Schönheit seiner
Dienerin lag, die ihn verwirrte und beunruhigte.
Und während er ganz vergeblich mit sehnsüchtigen
Augen in den dumpfen Glashäusern umherspähte
und sich im Freien über die langen Beete beugte,
auf denen es schon dunkelte, wiederholte sein Kopf

unwillkürlich, ja schließlich gequält und gegen seinen
Willen, immer wieder die Verse des Dichters: „In den
Stielen der Nelken, die sich wiegten, im Duft des
reifen Kornes erregtest du meine Sehnsucht: aber
als ich dich fand, warst du es nicht, die ich gesucht
hatte, sondern die Schwestern deiner Seele."

II.

In diesen Tagen geschah es, daß ein Brief kam,
welcher ihn einigermaßen beunruhigte. Der Brief trug
keine Unterschrift. In unklarer Weise beschuldigte
der Schreiber den Diener des Kaufmannssohnes,
daß er im Hause seines früheren Herrn, des per-
sischen Gesandten, irgendein abscheuliches Verbrechen
begangen habe. Der Unbekannte schien einen heftigen Haß gegen den Diener zu hegen und fügte
viele Drohungen bei; auch gegen den Kaufmannssohn selbst bediente er sich eines unhöflichen, beinahe drohenden Tones. Aber es war nicht zu erraten, welches Verbrechen angedeutet werde und
welchen Zweck überhaupt dieser Brief für den Schreiber,
der sich nicht nannte und nichts verlangte, haben

tönne. Er las den Brief mehrere Male und gestand sich, daß er bei dem Gedanken, seinen Diener auf eine so widerwärtige Weise zu verlieren, eine große Angst empfand. Je mehr er nachdachte, desto erregter wurde er und desto weniger konnte er den Gedanken ertragen, eines dieser Wesen zu verlieren, mit denen er durch die Gewohnheit und andere geheime Mächte völlig zusammengewachsen war.

Er ging auf und ab, die zornige Erregung erhitzte ihn so, daß er seinen Rock und Gürtel abwarf und mit Füßen trat. Es war ihm, als wenn man seinen innersten Besitz beleidigt und bedroht hätte und ihn zwingen wollte, aus sich selber zu fliehen und zu verleugnen, was ihm lieb war. Er hatte Mitleid mit sich selbst und empfand sich, wie immer in solchen Augenblicken, als ein Kind. Er sah schon seine vier Diener aus seinem Hause gerissen und es kam ihm vor, als zöge sich lautlos der ganze Inhalt seines Lebens aus ihm, alle schmerzhaftsüßen Erinnerungen, alle halbunbewußten Erwartungen, alles Unsagbare, um irgendwo hingeworfen und für nichts geachtet zu werden wie ein Bündel Algen

und Meertang. Er begriff zum erstenmal, was ihn
als Knabe immer zum Zorn gereizt hatte, die angst=
volle Liebe, mit der sein Vater an dem hing, was
er erworben hatte, an den Reichtümern seines ge=
wölbten Warenhauses, den schönen, gefühllosen Kin=
dern seines Suchens und Sorgens, den geheimnis=
vollen Ausgeburten der undeutlichen tiefsten Wünsche
seines Lebens. Er begriff, daß der große König der
Vergangenheit hätte sterben müssen, wenn man ihm
seine Länder genommen hätte, die er durchzogen
und unterworfen hatte vom Meer im Westen bis
zum Meer im Osten, die er zu beherrschen träumte
und die doch so unendlich groß waren, daß er keine
Macht über sie hatte und keinen Tribut von ihnen
empfing, als den Gedanken, daß er sie unterworfen
hatte und kein anderer als er ihr König war.

Er beschloß alles zu tun, um diese Sache zur
Ruhe zu bringen, die ihn so ängstigte. Ohne dem
Diener ein Wort von dem Brief zu sagen, machte
er sich auf und fuhr allein nach der Stadt. Dort
beschloß er vor allem das Haus aufzusuchen, welches
der Gesandte des Königs von Persien bewohnte:

denn er hatte die unbestimmte Hoffnung, dort irgendwie einen Anhaltspunkt zu finden.

Als er aber hinkam, war es spät am Nachmittag und niemand mehr zu Hause, weder der Gesandte, noch einer der jungen Leute seiner Begleitung. Nur der Koch und ein alter untergeordneter Schreiber saßen im Torweg im kühlen Halbdunkel. Aber sie waren so häßlich und gaben so kurze mürrische Antworten, daß er ihnen ungeduldig den Rücken kehrte und sich entschloß, am nächsten Tage zu einer besseren Stunde wiederzukommen.

Da seine eigene Wohnung versperrt war — denn er hatte keinen Diener in der Stadt zurückgelassen — so mußte er wie ein Fremder daran denken, sich für die Nacht eine Herberge zu suchen. Neugierig, wie ein Fremder, ging er durch die bekannten Straßen und kam endlich an das Ufer eines kleinen Flusses, der zu dieser Jahreszeit fast ausgetrocknet war. Von dort folgte er in Gedanken verloren einer ärmlichen Straße, wo sehr viele öffentliche Dirnen wohnten. Ohne viel auf seinen Weg zu achten, bog er dann rechts ein und kam in eine ganz öde, toten-

stille Sackgasse, die in einer fast turmhohen, steilen
Treppe endigte. Auf der Treppe blieb er stehen und
sah zurück auf seinen Weg. Er konnte in die Höfe
der kleinen Häuser sehen; hie und da waren rote
Vorhänge an den Fenstern und häßliche, verstaubte
Blumen; das breite, trockene Bett des Flusses war
von einer tödlichen Traurigkeit. Er stieg weiter und
kam oben in ein Viertel, das er sich nicht entsinnen
konnte je gesehen zu haben. Trotzdem kam ihm eine
Kreuzung niederer Straßen plötzlich traumhaft bekannt
vor. Er ging weiter und kam zu dem Laden eines
Juweliers. Es war ein sehr ärmlicher Laden, wie
er für diesen Teil der Stadt paßte, und das Schau=
fenster mit solchen wertlosen Schmucksachen angefüllt,
wie man sie bei Pfandleihern und Hehlern zusammen=
kauft. Der Kaufmannssohn, der sich auf Edelsteine
sehr gut verstand, konnte kaum einen halbwegs schönen
Stein darunter finden.

Plötzlich fiel sein Blick auf einen altmodischen
Schmuck aus dünnem Gold, mit einem Beryll ver=
ziert, der ihn irgendwie an die alte Frau erinnerte.
Wahrscheinlich hatte er ein ähnliches Stück aus der

Zeit, wo sie eine junge Frau gewesen war, einmal
bei ihr gesehen. Auch schien ihm der blasse, eher
melancholische Stein in einer seltsamen Weise zu
ihrem Alter und Aussehen zu passen; und die alt=
modische Fassung war von der gleichen Traurigkeit.
So trat er in den niedrigen Laden, um den Schmuck
zu kaufen. Der Juwelier war sehr erfreut, einen
so gut gekleideten Kunden eintreten zu sehen, und
wollte ihm noch seine wertvolleren Steine zeigen,
die er nicht ins Schaufenster legte. Aus Höflichkeit
gegen den alten Mann ließ er sich vieles zeigen,
hatte aber weder Lust, mehr zu kaufen, noch hätte
er bei seinem einsamen Leben eine Verwendung für
derartige Geschenke gewußt. Endlich wurde er un=
geduldig und gleichzeitig verlegen, denn er wollte
loskommen und doch den Alten nicht kränken. Er
beschloß, noch eine Kleinigkeit zu kaufen und dann
sogleich hinauszugehen. Gedankenlos betrachtete er
über die Schulter des Juweliers hinwegsehend einen
kleinen silbernen Handspiegel, der halb erblindet
war. Da kam ihm aus einem anderen Spiegel im
Innern das Bild des Mädchens entgegen mit den

dunklen Köpfen der ehernen Göttinnen zu beiden
Seiten; flüchtig empfand er, daß sehr viel von
ihrem Reiz darin lag, wie die Schultern und der
Hals in demütiger kindlicher Grazie die Schönheit
des Hauptes trugen, des Hauptes einer jungen
Königin. Und flüchtig fand er es hübsch, ein dünnes
goldenes Kettchen an diesem Hals zu sehen, vielfach
herumgeschlungen, kindlich und doch an einen Panzer
gemahnend. Und er verlangte, solche Kettchen zu
sehen. Der Alte machte eine Türe auf und bat ihn,
in einen zweiten Raum zu treten, ein niedriges
Wohnzimmer, wo aber auch in Glasschränken und
auf offenen Gestellen eine Menge Schmucksachen
ausgelegt waren. Hier fand er bald ein Kettchen,
das ihm gefiel, und bat den Juwelier, ihm jetzt
den Preis der beiden Schmucksachen zu sagen. Der
Alte bat ihn noch, die merkwürdigen, mit Halb=
edelsteinen besetzten Beschläge einiger altertümlichen
Sättel in Augenschein zu nehmen, er aber erwiderte,
daß er sich als Sohn eines Kaufmannes nie mit
Pferden abgegeben habe, ja nicht einmal zu reiten
verstehe und weder an alten noch an neuen Sätteln

Gefallen finde, bezahlte mit einem Goldstück und
einigen Silbermünzen, was er gekauft hatte, und
zeigte einige Ungeduld, den Laden zu verlassen.
Während der Alte, ohne mehr ein Wort zu sprechen,
ein schönes Seidenpapier hervorsuchte und das Kettchen
und den Beryllschmuck, jedes für sich, einwickelte,
trat der Kaufmannssohn zufällig an das einzige
niedrige vergitterte Fenster und schaute hinaus. Er
erblickte einen offenbar zum Nachbarhaus gehörigen,
sehr schön gehaltenen Gemüsegarten, dessen Hinter=
grund durch zwei Glashäuser und eine hohe Mauer
gebildet wurde. Er bekam sogleich Lust, diese Glas=
häuser zu sehen, und fragte den Juwelier, ob er
ihm den Weg sagen könne. Der Juwelier händigte
ihm seine beiden Päckchen ein und führte ihn durch
ein Nebenzimmer in den Hof, der durch eine kleine
Gittertür mit dem benachbarten Garten in Ver=
bindung stand. Hier blieb der Juwelier stehen und
schlug mit einem eisernen Klöppel an das Gitter.
Da es aber im Garten ganz still blieb, sich auch
im Nachbarhaus niemand regte, so forderte er den
Kaufmannssohn auf, nur ruhig die Treibhäuser zu

besichtigen und sich, falls man ihn behelligen würde, auf ihn auszureden, der mit dem Besitzer des Gartens gut bekannt sei. Dann öffnete er ihm mit einem Griff durch die Gitterstäbe. Der Kaufmannssohn ging sogleich längs der Mauer zu dem näheren Glashaus, trat ein und fand eine solche Fülle seltener und merkwürdiger Narzissen und Anemonen und so seltsames, ihm völlig unbekanntes Blattwerk, daß er sich lange nicht sattsehen konnte. Endlich aber schaute er auf und gewahrte, daß die Sonne ganz, ohne daß er es beachtet hatte, hinter den Häusern untergegangen war. Jetzt wollte er nicht länger in einem fremden, unbewachten Garten bleiben, sondern nur von außen einen Blick durch die Scheiben des zweiten Treibhauses werfen und dann fortgehen. Wie er so spähend an den Glaswänden des zweiten langsam vorüberging, erschrak er plötzlich sehr heftig und fuhr zurück. Denn ein Mensch hatte sein Gesicht an den Scheiben und schaute ihn an. Nach einem Augenblick beruhigte er sich und wurde sich bewußt, daß es ein Kind war, ein höchstens vierjähriges, kleines Mädchen, dessen weißes Kleid und blasses

Gesicht gegen die Scheiben gedrückt waren. Aber
als er jetzt näher hinsah, erschrak er abermals, mit
einer unangenehmen Empfindung des Grauens im
Nacken und einem leisen Zusammenschnüren in der
Kehle und tiefer in der Brust. Denn das Kind,
das ihn regungslos und böse ansah, glich in einer
unbegreiflichen Weise dem fünfzehnjährigen Mädchen,
das er in seinem Hause hatte. Alles war gleich,
die lichten Augenbrauen, die feinen, bebenden Nasen=
flügel, die dünnen Lippen; wie die andere zog auch
das Kind eine der Schultern etwas in die Höhe. Alles
war gleich, nur daß in dem Kind das alles einen
Ausdruck gab, der ihm Entsetzen verursachte. Er
wußte nicht, wovor er so namenlose Furcht empfand.
Er wußte nur, daß er es nicht ertragen werde,
sich umzudrehen und zu wissen, daß dieses Gesicht
hinter ihm durch die Scheiben starrte.

In seiner Angst ging er sehr schnell auf die Tür des
Glashauses zu, um hineinzugehen; die Tür war zu,
von außen verriegelt; hastig bückte er sich nach dem
Riegel, der sehr tief war, stieß ihn so heftig zurück,
daß er sich ein Glied des kleinen Fingers schmerzlich

zerrte, und ging, fast laufend, auf das Kind zu. Das Kind ging ihm entgegen und ohne ein Wort zu reden, stemmte es sich gegen seine Kniee, und suchte mit seinen schwachen kleinen Händen ihn hinaus= zudrängen. Er hatte Mühe, es nicht zu treten. Aber seine Angst minderte sich in der Nähe. Er beugte sich über das Gesicht des Kindes, das ganz blaß war und dessen Augen vor Zorn und Haß bebten, während die kleinen Zähne des Unterkiefers sich mit unheimlicher Wut in die Oberlippe drückten. Seine Angst verging für einen Augenblick, als er dem Mädchen die kurzen, seinen Haare streichelte. Aber augenblicklich erinnerte er sich an das Haar des Mäd= chens in seinem Hause, das er einmal berührt hatte, als sie totenblaß, mit geschlossenen Augen, in ihrem Bette lag, und gleich lief ihm wieder ein Schauer den Rücken hinab und seine Hände fuhren zurück. Sie hatte es aufgegeben, ihn wegdrängen zu wollen. Sie trat ein paar Schritte zurück und schaute gerade vor sich hin. Fast unerträglich wurde ihm der An blick des schwachen, in einem weißen Kleidchen steckenden Puppenkörpers und des verachtungsvollen,

grauenhaften, blassen Kindergesichtes. Er war so
erfüllt mit Grauen, daß er einen Stich in den
Schläfen und in der Kehle empfing, als seine
Hand in der Tasche an etwas Kaltes streifte. Es
waren ein paar Silbermünzen. Er nahm sie heraus,
bengte sich zu dem Kinde nieder und gab sie ihm,
weil sie glänzten und klirrten. Das Kind nahm sie
und ließ sie ihm vor den Füßen niederfallen, daß
sie in einer Spalte des auf einem Rost von Brettern
ruhenden Bodens verschwanden. Dann kehrte es ihm
den Rücken und ging langsam fort. Eine Weile
stand er regungslos und hatte Herzklopfen vor
Angst, daß es wiederkommen werde und von außen
auf ihn durch die Scheiben schauen. Jetzt hätte er
gleich fortgehen mögen, aber es war besser, eine
Weile vergehen zu lassen, damit das Kind aus dem
Garten fortginge. Jetzt war es in dem Glashause
schon nicht mehr ganz hell und die Formen der
Pflanzen fingen an, sonderbar zu werden. In einiger
Entfernung traten aus dem Halbdunkel schwarze,
sinnlos drohende Zweige unangenehm hervor und
dahinter schimmerte es weiß, als wenn das Kind

dort stünde. Auf einem Brette standen in einer
Reihe irdene Töpfe mit Wachsblumen. Um eine
kleine Zeit zu übertäuben, zählte er die Blüten,
die in ihrer Starre lebendigen Blumen unähnlich
waren und etwas von Masken hatten, heimtückischen
Masken mit zugewachsenen Augenlöchern. Als er
fertig war, ging er zur Türe und wollte hinaus.
Die Tür gab nicht nach; das Kind hatte sie von
außen verriegelt. Er wollte schreien, aber er fürchtete
sich vor seiner eigenen Stimme. Er schlug mit den
Fäusten an die Scheiben. Der Garten und das
Haus blieben totenstill. Nur hinter ihm glitt etwas
raschelnd durch die Sträucher. Er sagte sich, daß
es Blätter waren, die sich durch die Erschütterung
der dumpfen Luft abgetrennt hatten und nieder=
fielen. Trotzdem hielt er mit dem Klopfen inne
und bohrte die Blicke durch das halbdunkle Gewirr
der Bäume und Ranken. Da sah er in der dämmerigen
Hinterwand etwas wie ein Viereck dunkler Linien.
Er kroch hin, jetzt schon unbekümmert, daß er viele
irdene Gartentöpfe zertrat und die hohen dünnen
Stämme und rauschenden Fächerkronen über und

hinter ihm gespenstisch zusammenstürzten. Das Viereck dunkler Linien war der Ausschnitt einer Tür und sie gab dem Drucke nach. Die freie Luft ging über sein Gesicht; hinter sich hörte er die zerknickten Stämme und niedergedrückten Blätter wie nach einem Gewitter sich leise raschelnd erheben.

Er stand in einem schmalen, gemauerten Gange; oben sah der freie Himmel herein und die Mauer zu beiden Seiten war kaum über mannshoch. Aber der Gang war nach einer Länge von beiläufig fünfzehn Schritten wieder vermauert, und schon glaubte er sich abermals gefangen. Unschlüssig ging er vor; da war die Mauer zur Rechten in Mannsbreite durchbrochen und aus der Öffnung lief ein Brett über leere Luft nach einer gegenüberliegenden Plattform; diese war auf der zugewendeten Seite von einem niedrigen Eisengitter geschlossen, auf den beiden anderen von der Hinterseite hoher bewohnter Häuser. Dort, wo das Brett wie eine Enterbrücke auf dem Rand der Plattform aufruhte, hatte das Gitter eine kleine Tür.

So groß war die Ungeduld des Kaufmannssohnes, aus dem Bereiche seiner Angst zu kommen, daß er sogleich einen, dann den anderen Fuß auf das Brett setzte und, den Blick fest auf das jenseitige Ufer gerichtet, anfing, hinüberzugehen. Aber unglücklicherweise wurde er sich doch bewußt, daß er über einem viele Stockwerke tiefen, gemauerten Graben hing; in den Sohlen und Kniebeugen fühlte er die Angst und Hilflosigkeit, schwindelnd im ganzen Leibe, die Nähe des Todes. Er kniete nieder und schloß die Augen; da stießen seine vorwärts tastenden Arme an die Gitterstäbe. Er umklammerte sie fest, sie gaben nach, und mit leisem Knirschen, das ihm, wie der Anhauch des Todes, den Leib durchschnitt, öffnete sich gegen ihn, gegen den Abgrund, die Tür, an der er hing; und im Gefühle seiner inneren Müdigkeit und großen Mutlosigkeit fühlte er voraus, wie die glatten Eisenstäbe seinen Fingern, die ihm erschienen wie die Finger eines Kindes, sich entwinden und er hinunterstürzt längs der Mauer zerschellend. Aber das leise Aufgehen der Türe hielt inne, ehe seine Füße das Brett verloren und mit einem Schwunge warf er seinen

zitternden Körper durch die Öffnung hinein auf
den harten Boden.

Er konnte sich nicht freuen; ohne sich umzusehen,
mit einem dumpfen Gefühle, wie Haß gegen die
Sinnlosigkeit dieser Qualen, ging er in eines der
Häuser und dort die verwahrloste Stiege hinunter
und trat wieder hinaus in eine Gasse, die häßlich
und gewöhnlich war. Aber er war schon sehr traurig
und müde und konnte sich auf gar nichts besinnen,
was ihm irgend welcher Freude wert schien. Seltsam
war alles von ihm gefallen und ganz leer und
vom Leben verlassen ging er durch die Gasse und
die nächste und die nächste. Er verfolgte eine
Richtung, von der er wußte, daß sie ihn dorthin
zurückbringen werde, wo in dieser Stadt die reichen
Leute wohnten und wo er sich eine Herberge für
die Nacht suchen könnte. Denn es verlangte ihn
sehr nach einem Bette. Mit einer kindischen Sehnsucht
erinnerte er sich an die Schönheit seines eigenen
breiten Bettes, und auch die Betten fielen ihm ein,
die der große König der Vergangenheit für sich
und seine Gefährtin errichtet hatte, als sie Hochzeit

hielten mit den Töchtern der unterworfenen Könige,
für sich ein Bett von Gold, für die anderen von
Silber; getragen von Greifen und geflügelten
Stieren. Indessen war er zu den niedrigen Häusern
gekommen, wo die Soldaten wohnen. Er achtete
nicht darauf. An einem vergitterten Fenster saßen
ein paar Soldaten mit gelblichen Gesichtern und
traurigen Augen und riefen ihm etwas zu. Da hob
er den Kopf und atmete den dumpfen Geruch, der
aus dem Zimmer kam, einen ganz besonders
beklemmenden Geruch. Aber er verstand nicht, was
sie von ihm wollten. Weil sie ihn aber aus seinem
achtlosen Dahingehen aufgestört hatten, schaute er
jetzt in den Hof hinein, als er am Tore vorbei
kam. Der Hof war sehr groß und traurig und,
weil es dämmerte, erschien er noch größer und
trauriger. Auch waren sehr wenige Menschen darin
und die Häuser, die ihn umgaben, waren niedrig
und von schmutzig gelber Farbe. Das machte ihn
noch öder und größer. An einer Stelle waren in
einer geraden Linie beiläufig zwanzig Pferde an=
gepflöckt; vor jedem lag ein Soldat in einem

Stallkittel aus schmutzigem Zwilch auf den Knieen
und wusch ihm die Hufe. Ganz in der Ferne kamen
viele andere in ähnlichen Anzügen aus Zwilch zu
zweien aus einem Tore. Sie gingen langsam und
schlürfend und trugen schwere Säcke auf den Schultern.
Erst als sie näher kamen, sah er, daß in den offenen
Säcken, die sie schweigend schleppten, Brot war.
Er sah zu, wie sie langsam in einem Torweg
verschwanden und so wie unter einer häßlichen,
tückischen Last dahingingen und ihr Brot in solchen
Säcken trugen, wie die, worin die Traurigkeit
ihres Leibes gekleidet war.

Dann ging er zu denen, die vor ihren Pferden
auf den Knieen lagen und ihnen die Hufe wuschen.
Auch diese sahen einander ähnlich und glichen denen
am Fenster und denen, die Brot getragen hatten.
Sie mußten aus benachbarten Dörfern genommen
sein. Auch sie redeten kaum ein Wort untereinander.
Da es ihnen sehr schwer wurde, den Vorderfuß des
Pferdes zu halten, schwankten ihre Köpfe und ihre
müden, gelblichen Gesichter hoben und beugten sich
wie unter einem starken Winde. Die Köpfe der

meisten Pferde waren häßlich und hatten einen boshaften Ausdruck durch zurückgelegte Ohren und hinaufgezogene Oberlippen, welche die oberen Eckzähne bloßlegten. Auch hatten sie meist böse, rollende Augen und eine seltsame Art, aus schiefgezogenen Nüstern ungeduldig und verächtlich die Luft zu stoßen. Das letzte Pferd in der Reihe war besonders stark und häßlich. Es suchte den Mann, der vor ihm kniete und den gewaschenen Huf trocken rieb, mit seinen großen Zähnen in die Schulter zu beißen. Der Mann hatte so hohle Wangen und einen so todestraurigen Ausdruck in den müden Augen, daß der Kaufmannssohn von tiefem, bitterem Mitleid überwältigt wurde. Er wollte den Elenden durch ein Geschenk für den Augenblick aufheitern und griff in die Tasche nach Silbermünzen. Er fand keine und erinnerte sich, daß er die letzten dem Kinde im Glashause hatte schenken wollen, das sie ihm mit einem so boshaften Blick vor die Füße gestreut hatte. Er wollte eine Goldmünze suchen, denn er hatte deren sieben oder acht für die Reise ein= gesteckt.

In dem Augenblicke wandte das Pferd den Kopf und sah ihn an mit tückisch zurückgelegten Ohren und rollenden Augen, die noch boshafter und wilder aussahen, weil eine Bläſſe gerade in der Höhe der Augen quer über den häßlichen Kopf lief. Bei dem häßlichen Anblicke fiel ihm blitzartig ein längſt vergeſſenes Menſchengeſicht ein. Wenn er ſich noch ſo ſehr bemüht hätte, wäre er imſtande geweſen, ſich die Züge dieſes Menſchen je wieder hervorzurufen; jetzt aber waren ſie da. Die Erinnerung aber, die mit dem Geſichte kam, war nicht ſo deutlich. Er wußte nur, daß es aus der Zeit von ſeinem zwölften Jahre war, aus einer Zeit, mit deren Erinnerung der Geruch von ſüßen, warmen, geſchälten Mandeln irgendwie verknüpft war.

Und er wußte, daß es das verzerrte Geſicht eines häßlichen armen Menſchen war, den er ein einzigesmal im Laden ſeines Vaters geſehen hatte. Und daß das Geſicht von Angſt verzerrt war, weil die Leute ihn bedrohten, weil er ein großes Goldſtück hatte, und nicht ſagen wollte, wo er es erlangt hatte.

Während das Geſicht ſchon wieder zerging, ſuchte

sein Finger noch immer in den Falten seiner Kleider,
und als ein plötzlicher, undeutlicher Gedanke ihn
hemmte, zog er die Hand unschlüssig heraus und
warf dabei den in Seidenpapier eingewickelten
Schmuck mit dem Beryll dem Pferd unter die
Füße. Er bückte sich, das Pferd schlug ihm den
Huf mit aller Kraft nach seitwärts in die Lenden
und er fiel auf den Rücken. Er stöhnte laut, seine
Kniee zogen sich in die Höhe und mit den Fersen
schlug er immerfort auf den Boden. Ein paar von
den Soldaten standen auf und hoben ihn an den
Schultern und unter den Kniekehlen. Er spürte
den Geruch ihrer Kleider, denselben dumpfen, trost=
losen, der früher aus dem Zimmer auf die Straße
gekommen war, und wollte sich besinnen, wo er
den vor langer, sehr langer Zeit schon eingeatmet
hatte: dabei vergingen ihm die Sinne. Sie trugen
ihn fort über eine niedrige Treppe, durch einen
langen, halbfinsteren Gang in eines ihrer Zimmer
und legten ihn auf ein niedriges eisernes Bett.
Dann durchsuchten sie seine Kleider, nahmen ihm
das Kettchen und die sieben Goldstücke und endlich

gingen sie, aus Mitleid mit seinem unaufhörlichen Stöhnen, einen ihrer Wundärzte zu holen.

Nach einer Zeit schlug er die Augen auf und wurde sich seiner quälenden Schmerzen bewußt. Noch mehr aber erschreckte und ängstigte ihn, allein zu sein in diesem trostlosen Raum. Mühsam drehte er die Augen in den schmerzenden Höhlen gegen die Wand und gewahrte auf einem Brette drei Laibe von solchem Brot, wie die es über den Hof getragen hatten.

Sonst war nichts in dem Zimmer, als harte, niedrige Betten und der Geruch von trockenem Schilf, womit die Betten gefüllt waren, und jener andere trostlose, dumpfe Geruch.

Eine Weile beschäftigten ihn nur seine Schmerzen und die erstickende Todesangst, mit der verglichen die Schmerzen eine Erleichterung waren. Dann konnte er die Todesangst für einen Augenblick vergessen und daran denken, wie alles gekommen war.

Da empfand er eine andere Angst, eine stechende, minder erdrückende, eine Angst, die er nicht zum

erſten Male fühlte; jetzt aber fühlte er ſie wie
etwas Überwundenes. Und er ballte die Fäuſte und
verfluchte ſeine Diener, die ihn in den Tod getrieben
hatten; der eine in die Stadt, die Alte in den
Juwelierladen, das Mädchen in das Hinterzimmer
und das Kind durch ſein tückiſches Ebenbild in das
Glashaus, von wo er ſich dann über grauenhafte
Stiegen und Brücken bis unter den Huf des Pferdes
taumeln ſah. Dann fiel er zurück in große, dumpfe
Angſt. Dann wimmerte er wie ein Kind, nicht vor
Schmerz, ſondern vor Leid, und die Zähne ſchlugen
ihm zuſammen.

Mit einer großen Bitterkeit ſtarrte er in
ſein Leben zurück und verleugnete alles, was
ihm lieb geweſen war. Er haßte ſeinen vorzeitigen
Tod ſo ſehr, daß er ſein Leben haßte, weil es ihn
dahin geführt hatte. Dieſe innere Wildheit ver-
brauchte ſeine letzte Kraft. Ihn ſchwindelte, und
für eine Weile ſchlief er wieder einen taumeligen
ſchlechten Schlaf. Dann erwachte er und wollte
ſchreien, weil er noch immer allein war, aber die
Stimme verſagte ihm. Zuletzt erbrach er Galle,

dann Blut, und starb mit verzerrten Zügen, die Lippen so verrissen, daß Zähne und Zahnfleisch entblößt waren und ihm einen fremden, bösen Ausdruck gaben.

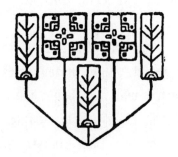

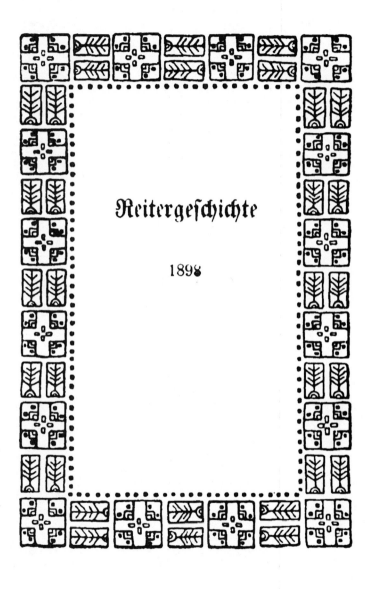

Reitergeschichte

1898

Den 22. Juli 1848, vor 6 Uhr morgens, ver=
ließ ein Streifkommando, die zweite Eskadron von
Wallmodenkürassieren, Rittmeister Baron Rofrano
mit 107 Reitern, das Kasino San Alessandro und
ritt gegen Mailand. Über der freien, glänzenden
Landschaft lag eine unbeschreibliche Stille; von den
Gipfeln der fernen Berge stiegen Morgenwolken
wie stille Rauchwolken gegen den leuchtenden
Himmel: der Mais stand regungslos, und zwischen
Baumgruppen, die aussahen, wie gewaschen, glänzten
Landhäuser und Kirchen her. Kaum hatte das
Streifkommando die äußerste Vorpostenlinie der
eigenen Armee etwa um eine Meile hinter sich ge=
lassen, als zwischen den Maisfeldern Waffen auf=
blitzten und die Avantgarde feindliche Fußtruppen
meldete. Die Schwadron formierte sich neben der
Landstraße zur Attacke, wurde von eigentümlich
lauten, fast miauenden Kugeln überschwirrt,

attackierte querfeldein und trieb einen Trupp un=
gleichmäßig bewaffneter Menschen wie die Wachteln
vor sich her. Es waren Leute der Legion Manaras,
mit sonderbaren Kopfbedeckungen. Die Gefangenen
wurden einem Korporal und acht Gemeinen über=
geben und nach rückwärts geschickt. Vor einer
schönen Villa, deren Zufahrt uralte Zypressen
flankierten, meldete die Avantgarde verdächtige
Gestalten. Der Wachtmeister Anton Lerch saß ab,
nahm zwölf mit Karabinern bewaffnete Leute, um=
stellte die Fenster und nahm achtzehn Studenten
der Pisaner Legion gefangen, wohlerzogene und
hübsche junge Leute mit weißen Händen und halb=
langem Haar. Eine halbe Stunde später hob die
Schwadron einen Mann auf, der in der Tracht
eines Bergamasten vorüberging und durch sein allzu
harmloses und unscheinbares Auftreten verdächtig
wurde. Der Mann trug im Rockfutter eingenäht
die wichtigsten Detailpläne, die Errichtung von
Freikorps in den Giudikarien und deren Kooperation
mit der piemontesischen Armee betreffend. Gegen
10 Uhr vormittags fiel dem Streifkommando eine

Herde Vieh in die Hände. Unmittelbar nachher
stellte sich ihr ein starker feindlicher Trupp ent=
gegen und beschoß die Avantgarde von einer Fried=
hofsmauer aus. Der Tete=Zug des Leutnants
Grafen Trautsohn übersprang die niedrige Mauer
und hieb zwischen den Gräbern auf die ganz ver=
wirrten Feindlichen ein, von denen ein großer Teil
in die Kirche und von dort durch die Sakristeitür
in ein dichtes Gehölz sich rettete. Die siebenund
zwanzig neuen Gefangenen meldeten sich als nea=
politanische Freischaren unter päpstlichen Offizieren.
Die Schwadron hatte einen Toten. Einer das Ge=
hölz umreitenden Rotte, bestehend aus dem Gefreiten
Wotrubek und den Dragonern Holl und Haindl,
fiel eine mit zwei Ackergäulen bespannte leichte
Haubitze in die Hände, indem sie auf die Bedeckung
einhieben und die Gäule am Kopfzeug packten und
umwendeten. Der Gefreite Wotrubek wurde als
leicht verwundet mit der Meldung der bestandenen
Gefechte und anderern Glücksfälle ins Hauptquartier
zurückgeschickt, die Gefangenen gleichfalls nach rück=
wärts transportiert, die Haubitze aber von der

nach abgegebener Eskorte noch 78 Reiter zählenden Eskadron mitgenommen.

Nachdem laut übereinstimmender Aussagen der verschiedenen Gefangenen die Stadt Mailand von den feindlichen sowohl regulären als irregulären Truppen vollständig verlassen, auch von allem Geschütz und Kriegsvorrat entblößt war, konnte der Rittmeister sich selbst und der Schwadron nicht versagen, in diese große und schöne, wehrlos daliegende Stadt einzureiten. Unter dem Geläute der Mittagsglocken, der Generalmarsch von den vier Trompeten hinaufgeschmettert in den stählern funkelnden Himmel, an tausend Fenstern hinklirrend und zurückgeblitzt auf achtundsiebzig Kürasse, achtundsiebzig aufgestemmte nackte Klingen; Straße rechts, Straße links, wie ein aufgewühlter Ameishaufen sich füllend mit staunenden Gesichtern; fluchende und erbleichende Gestalten hinter Haustoren verschwindend, verschlafene Fenster aufgerissen von den entblößten Armen schöner Unbekannter; vorbei an Santa Babila, an San Fedele, an San Carlo, am weltberühmten marmornen Dom, an San Sa=

tiro, San Giorgio, San Lorenzo, San Euftorgio;
deren uralte Erztore alle sich auftuend und unter
Kerzenschein und Weihnachtsqualm silberne Heilige
und brokatgekleidete strahlenäugige Frauen hervor=
winkend; aus tausend Dachkammern, dunklen Tor=
bogen, niedrigen Butiken Schüsse zu gewärtigen,
und immer wieder nur halbwüchsige Mädchen und
Buben, die weißen Zähne und dunklen Haare
zeigend; vom trabenden Pferde herab funkelnden
Augen auf alles dies hervorblickend aus einer Larve
von blutgesprengtem Staub; zur Porta Venezia
hinein, zur Porta Ticinese wieder hinaus: so ritt
die schöne Schwadron durch Mailand.

Nicht weit vom letztgenannten Stadttor, wo sich
ein mit hübschen Platanen bewachsenes Glacis er=
streckte, glaubte der Wachtmeister Anton Lerch am
ebenerdigen Fenster eines neugebauten hellgelben
Hauses ein ihm bekanntes weibliches Gesicht zu
sehen. Neugierde bewog ihn, sich im Sattel um=
zuwenden, und da er gleichzeitig aus einigen steifen
Tritten seines Pferdes vermutete, es hätte in eines
der vorderen Eisen einen Straßenstein eingetreten,

er auch an der Queue der Eskadron ritt und
ohne Störung aus dem Gliede konnte, so bewog
ihn alles dies zusammen, abzusitzen, und zwar nach=
dem er geradezu das Vorderteil seines Pferdes in
den Flur des betreffenden Hauses gelenkt hatte.
Kaum hatte er hier den zweiten weißgestiefelten
Vorderfuß seines Braunen in die Höhe gehoben,
um den Huf zu prüfen, als wirklich eine aus dem
Innern des Hauses ganz vorne in den Flur
mündende Zimmertür aufging und in einem etwas
zerstörten Morgenanzug eine üppige, beinahe noch
junge Frau sichtbar wurde, hinter ihr aber ein
helles Zimmer mit Gartenfenstern, worauf ein paar
Töpfchen Basilika und rote Pelargonien, ferner
mit einem Mahagonischrank und einer mytho=
logischen Gruppe aus Biskuit dem Wachtmeister sich
zeigte, während seinem scharfen Blick noch gleich=
zeitig in einem Pfeilerspiegel die Gegenwand des
Zimmers sich verriet, ausgefüllt von einem großen
weißen Bette und einer Tapetentür, durch welche
sich ein beleibter, vollständig rasierter älterer Mann
im Augenblicke zurückzog.

Indem aber dem Wachtmeister der Name der Frau einfiel und gleichzeitig eine Menge anderes: daß es die Witwe oder geschiedene Frau eines kroatischen Rechnungsunteroffiziers war, daß er mit ihr vor neun oder zehn Jahren in Wien in Gesellschaft eines anderen, ihres damaligen eigentlichen Liebhabers, einige Abende und halbe Nächte verbracht hatte, suchte er nun mit den Augen unter ihrer jetzigen Fülle die damalige üppig=magere Gestalt wieder hervorzuziehen. Die Dastehende aber lächelte ihn in einer halb ge= schmeichelten slawischen Weise an, die ihm das Blut in den starken Hals und unter die Augen trieb, während eine gewisse gezierte Manier, mit der sie ihn anredete, sowie auch der Morgenanzug und die Zimmereinrichtung ihn einschüchterten. Im Augen= blick aber, während er mit etwas schwerfälligem Blick einer großen Fliege nachsah, die über den Haarkamm der Frau lief, und äußerlich auf nichts achtete, als wie er seine Hand, diese Fliege zu scheuchen, sogleich auf den weißen, warm und kühlen Nacken legen würde, erfüllte ihn das Be=

wußtfein der heute bestandenen Gefechte und
anderer Glücksfälle von oben bis unten, so daß er
ihren Kopf mit schwerer Hand nach vorwärts
drückte und dazu sagte: „Vuic," — diesen ihren
Namen hatte er gewiß seit 10 Jahren nicht wieder
in den Mund genommen und ihren Taufnamen
vollständig vergessen — „in acht Tagen rücken wir
ein, und dann wird das da mein Quartier," auf
die halb offene Zimmertür deutend. Unter dem
hörte er im Hause mehrfach Türen zuschlagen,
fühlte sich von seinem Pferde, zuerst durch stummes
Zerren am Zaum, dann, indem es laut den anderen
nachwieherte, fortgedrängt, saß auf und trabte der
Schwadron nach, ohne von der Vuic eine andere
Antwort als ein verlegenes Lachen mit in den
Nacken gezogenem Kopf mitzunehmen. Das aus=
gesprochene Wort aber machte seine Gewalt geltend.
Seitwärts der Rottenkolonne, einen nicht mehr
frischen Schritt reitend, unter der schweren me=
tallischen Glut des Himmels, den Blick in der mit=
wandernden Staubwolke verfangen, lebte sich der
Wachtmeister immer mehr in das Zimmer mit

den Mahagonimöbeln und den Basilikumtöpfen
hinein und zugleich in eine Zivilatmosphäre, durch
welche doch das Kriegsmäßige durchschimmerte, eine
Atmosphäre von Behaglichkeit und angenehmer
Gewalttätigkeit ohne Dienstverhältnis, eine Existenz
in Hausschuhen, den Korb des Säbels durch die
linke Tasche des Schlafrockes durchgesteckt. Der
rasierte, beleibte Mann, der durch die Tapetentür
verschwunden war, ein Mittelding zwischen Geist=
lichem und pensioniertem Kammerdiener, spielte
darin eine bedeutende Rolle, fast mehr noch als
das schöne breite Bett und die feine weiße Haut
der Puic. Der Rasierte nahm bald die Stelle
eines vertraulich behandelten, etwas unterwürfigen
Freundes ein, der Hoftratsch erzählte, Tabat und
Kapaunen brachte, bald wurde er an die Wand
gedrückt, mußte Schweiggelder zahlen, stand mit
allen möglichen Umtrieben in Verbindung, war
piemontesischer Vertrauter, päpstlicher Koch, Kuppler,
Besitzer verdächtiger Häuser mit dunklen Garten
sälen für politische Zusammenkünfte, und wuchs zu
einer schwammigen Riesengestalt, der man an

zwanzig Stellen Spundlöcher in den Leib schlagen und statt Blut Gold abzapfen konnte.

Dem Streifkommando begegnete in den Nach=mittagsstunden nichts Neues und die Träumereien des Wachtmeisters erfuhren keine Hemmungen. Aber in ihm war ein Durst nach unerwartetem Erwerb, nach Gratifikationen, nach plötzlich in die Tasche fallenden Dukaten rege geworden. Denn der Gedanke an das bevorstehende erste Eintreten in das Zimmer mit den Mahagonimöbeln war der Splitter im Fleisch, um den herum alles von Wünschen und Begierden schwärmte.

Als nun gegen Abend das Streifkommando mit gefütterten und halbwegs ausgerasteten Pferden in einem Bogen gegen Lodi und die Addabrücke vorzudringen suchte, wo denn doch Fühlung mit dem Feind sehr zu gewärtigen war, schien dem Wachtmeister ein von der Landstraße abliegendes Dorf, mit halbverfallenem Glockenturm in einer dunkelnden Mulde gelagert, auf verlockende Weise verdächtig, so daß er, die Gemeinen Holl und Scarmolin zu sich winkend, mit diesen beiden vom Marsche der

Eskadron seitlich abbog und in dem Dorfe geradezu einen feindlichen General mit geringer Bedeckung zu überraschen und anzugreifen oder anderswie ein ganz außerordentliches Prämium zu verdienen hoffte, so aufgeregt war seine Einbildung. Vor dem elenden, scheinbar veröbeten Nest angelangt, befahl er dem Scarmolin links, dem Holl rechts die Häuser außen zu umreiten, während er selbst, Pistole in der Faust, die Straße durchzugaloppieren sich anschickte, bald aber, harte Steinplatten unter sich fühlend, auf welchen noch dazu irgendein glitschriges Fett ausgegossen war, sein Pferd in Schritt parieren mußte. Das Dorf blieb totenstill; kein Kind, kein Vogel, kein Lufthauch. Rechts und links standen schmutzige kleine Häuser, von deren Wänden der Mörtel abgefallen war; auf den nackten Ziegeln war hie und da etwas Häßliches mit Kohle gezeichnet; zwischen bloßgelegten Tür= pfosten ins Innere schauend, sah der Wachtmeister hie und da eine faule, halbnackte Gestalt auf einer Bettstatt lungern oder schleppend, wie mit aus= gerenkten Hüften, durchs Zimmer gehen. Sein

Pferd ging schwer und schob die Hinterbeine müh=
sam unter, wie wenn sie von Blei wären. Indem
er sich umwendete und bückte, um nach dem rück=
wärtigen Eisen zu sehen, schlürften Schritte aus
einem Hause, und da er sich aufrichtete, ging dicht
vor seinem Pferde eine Frauensperson, deren Ge=
sicht er nicht sehen konnte. Sie war nur halb an=
gekleidet; ihr schmutziger, abgerissener Rock von
geblümter Seide schleppte im Rinnsal, ihre nackten
Füße staken in schmutzigen Pantoffeln; sie ging so
dicht vor dem Pferde, daß der Hauch aus den
Nüstern den fettig glänzenden Lockenbund bewegte,
der ihr unter einem alten Strohhute in den ent=
blößten Nacken hing, und doch ging sie nicht schneller
und wich dem Reiter nicht aus. Unter einer Tür=
schwelle zur Linken rollten zwei ineinander ver=
bissene blutende Ratten in die Mitte der Straße,
von denen die unterliegende so jämmerlich aufschrie,
daß das Pferd des Wachtmeisters sich verhielt und
mit schiefem Kopf und hörbarem Atem gegen den
Boden stierte. Ein Schenkeldruck brachte es wieder
vorwärts und nun war die Frau in einem Hausflur

verschwunden, ohne daß der Wachtmeister hatte ihr
Gesicht sehen können. Aus dem nächsten Hause lief
eilfertig mit gehobenem Kopfe ein Hund heraus,
ließ einen Knochen in der Mitte der Straße fallen
und versuchte, ihn in einer Fuge des Pflasters zu
verscharren. Es war eine weiße unreine Hündin
mit hängenden Zitzen; mit teuflischer Hingabe
scharrte sie, packte dann den Knochen mit den Zähnen
und trug ihn ein Stück weiter. Indessen sie wieder
zu scharren anfing, waren schon drei Hunde bei ihr:
zwei waren sehr jung, mit weichen Knochen und
schlaffer Haut; ohne zu bellen und ohne beißen zu
können, zogen sie einander mit stumpfen Zähnen
an den Lefzen. Der Hund, der zugleich mit ihnen
gekommen war, war ein lichtgelbes Windspiel von
so aufgeschwollenem Leib, daß es nur ganz langsam
auf den vier dünnen Beinen sich weitertragen
konnte. An dem dicken wie eine Trommel gespannten
Leib erschien der Kopf viel zu klein; in den kleinen
ruhelosen Augen war ein entsetzlicher Ausdruck von
Schmerz und Beklemmung. Sogleich sprangen noch
zwei Hunde hinzu: ein magerer, weißer, von

äußerst gieriger Häßlichkeit, dem schwarze Rinnen
von den entzündeten Augen herunterliefen, und ein
schlechter Dachshund auf hohen Beinen. Dieser hob
seinen Kopf gegen den Wachtmeister und schaute
ihn an. Er mußte sehr alt sein. Seine Augen
waren unendlich müde und traurig. Die Hündin
aber lief in blöder Hast vor dem Reiter hin und
her; die beiden jungen schnappten lautlos mit
ihrem weichen Maul nach den Fesseln des Pferdes,
und das Windspiel schleppte seinen entsetzlichen
Leib hart vor den Hufen. Der Braun konnte
keinen Schritt mehr tun. Als aber der Wachtmeister
seine Pistole auf eines der Tiere abdrücken wollte
und die Pistole versagte, gab er dem Pferde beide
Sporen und dröhnte über das Steinpflaster hin.
Nach wenigen Sätzen aber mußte er das Pferd
scharf parieren. Denn hier sperrte eine Kuh den
Weg, die ein Bursche mit gespanntem Strick zur
Schlachtbank zerrte. Die Kuh aber, von dem Dunst
des Blutes und der an den Türpfosten genagelten
frischen Haut eines schwarzen Kalbes zurückschaudernd,
stemmte sich auf ihren Füßen, sog mit geblähten

Rüstern den rötlichen Sonnendunst des Abends
in sich und riß sich, bevor der Bursche sie mit
Prügel und Strick hinüber bekam, mit kläglichen
Augen noch ein Maulvoll von dem Heu ab, das
der Wachtmeister vorne am Sattel befestigt hatte.
Er hatte nun das letzte Haus des Dorfes hinter
sich und konnte, zwischen zwei niedrigen, ab-
gebröckelten Mauern reitend, jenseits einer alten
einbogigen Steinbrücke über einen anscheinend
trockenen Graben den weiteren Verlauf des Weges
absehen, fühlte aber in der Gangart seines Pferdes
eine so unbeschreibliche Schwere, ein solches Nicht-
vorwärtskommen, daß sich an seinem Blick jeder
Fußbreit der Mauern rechts und links, ja jeder
von den dort sitzenden Tausendfüßen und Asseln
mühselig vorbeischob, und ihm war, als hätte er
eine unmeßbare Zeit mit dem Durchreiten des
widerwärtigen Dorfes verbracht. Wie nun zugleich
aus der Brust seines Pferdes ein schwerer röhrender
Atem hervordrang, er dies ihm völlig ungewohnte
Geräusch aber nicht sogleich richtig erkannte und
die Ursache davon zuerst über und neben sich und

schließlich in der Entfernung suchte, bemerkte er
jenseits der Steinbrücke und beiläufig in gleicher
Entfernung von dieser, als wie er sich selbst befand, einen Reiter des eigenen Regiments auf sich
zukommen, und zwar einen Wachtmeister, und zwar
auf einem Braunen mit weißgestiefelten Vorder-
beinen. Da er nun wohl wußte, daß sich in der
ganzen Schwadron kein solches Pferd befand, aus-
genommen dasjenige, auf welchem er selbst in
diesem Augenblicke saß, er das Gesicht des anderen
Reiters aber immer noch nicht erkennen konnte, so
trieb er ungeduldig sein Pferd sogar mit den
Sporen zu einem sehr lebhaften Trab an, worauf
auch der andere sein Tempo ganz im gleichen Maße
verbesserte, so daß nun nur mehr ein Steinwurf
sie trennte, und nun, indem die beiden Pferde,
jedes von seiner Seite her, im gleichen Augenblick,
jedes mit dem gleichen, weißgestiefelten Vorfuß die
Brücke betraten, der Wachtmeister mit stierem Blick
in der Erscheinung sich selber erkennend, wie sinnlos sein Pferd zurückriß und die rechte Hand mit
ausgespreizten Fingern gegen das Wesen vorstreckte,

worauf die Gestalt, gleichfalls parierend und die
Rechte erhebend, plötzlich nicht da war, die Gemeinen
Holl und Scarmolin mit unbefangenen Gesichtern
von rechts und links aus dem trockenen Graben
auftauchten und gleichzeitig über die Hutweide her,
stark und aus gar nicht großer Entfernung die
Trompeten der Eskadron „Attacke" bliesen. Im
stärksten Galopp eine Erdwelle hinansetzend, sah
der Wachtmeister die Schwadron schon im Galopp
auf ein Gehölz zu, aus welchem feindliche Reiter
mit Piken eilfertig debouchierten; sah, indem, er die
vier losen Zügel in der Linken versammelnd, den
Handriemen um die Rechte schlang, den vierten
Zug sich von der Schwadron ablösen und langsamer
werden, war nun schon auf dröhnendem Boden,
nun in starkem Staubgeruch, nun mitten im Feinde,
hieb auf einen blauen Arm ein, der eine Pike
führte, sah dicht neben sich das Gesicht des Ritt=
meisters mit weit aufgerissenen Augen und grimmig
entblößten Zähnen, war dann plötzlich unter lauter
feindlichen Gesichtern und fremden Farben ein=
geteilt, tauchte unter in lauter geschwungenen

Klingen, stieß den nächsten in den Hals und vom Pferd herab, sah neben sich den Gemeinen Scarmolin, mit lachendem Gesicht, Einem die Finger der Zügelhand ab- und tief in den Hals des Pferdes hineinhauen, fühlte die Mélée sich lockern und war auf einmal allein, am Rand eines kleinen Baches, hinter einem feindlichen Offizier auf einem Eisenschimmel. Der Offizier wollte über den Bach; der Eisenschimmel versagte. Der Offizier riß ihn herum, wendete dem Wachtmeister ein junges, sehr bleiches Gesicht und die Mündung einer Pistole zu, als ihm ein Säbel in den Mund fuhr, in dessen kleiner Spitze die Wucht eines galoppierenden Pferdes zusammengedrängt war. Der Wachtmeister riß den Säbel zurück und erhaschte an der gleichen Stelle, wo die Finger des Herunterstürzenden ihn losgelassen hatten, den Stangenzügel des Eisenschimmels, der leicht und zierlich wie ein Reh die Füße über seinen sterbenden Herrn hinhob.

Als der Wachtmeister mit dem schönen Beutepferd zurückritt, warf die in schwerem Dunst untergehende Sonne eine ungeheure Röte über die Hut-

weide. Auch an solchen Stellen, wo gar keine Huf=
spuren waren, schienen ganze Lachen von Blut zu
stehen. Ein roter Widerschein lag auf den weißen
Uniformen und den lachenden Gesichtern, die Kü=
rasse und Schabracken funkelten und glühten, und
am stärksten drei kleine Feigenbäume, an deren
weichen Blättern die Reiter lachend die Blutrinnen
ihrer Säbel abgewischt hatten. Seitwärts der rot=
gefleckten Bäume hielt der Rittmeister und neben
ihm der Eskadronstrompeter, der die wie in roten
Saft getauchte Trompete an den Mund hob und
Appell blies. Der Wachtmeister ritt von Zug zu
Zug und sah, daß die Schwadron nicht einen
Mann verloren und dafür neun Handpferde ge=
wonnen hatte. Er ritt zum Rittmeister und meldete,
immer den Eisenschimmel neben sich, der mit ge=
hobenem Kopf tänzelte und Luft einzog, wie ein
junges, schönes und eitles Pferd, das es war. Der
Rittmeister hörte die Meldung nur zerstreut an.
Er winkte den Leutnant Grafen Trautsohn zu sich,
der dann sogleich absaß und mit sechs gleichfalls
abgesessenen Kürassieren hinter der Front der

Eskadron die erbeutete leichte Haubitze ausspannte, das Geschütz von den sechs Mannschaften zur Seite schleppen und in ein von dem Bach gebildetes, kleines Sumpfwasser versenken ließ, hierauf wieder aufsaß und, nachdem er die nunmehr überflüssigen beiden Zuggäule mit der flachen Klinge fortgejagt hatte, stillschweigend seinen Platz vor dem ersten Zug wieder einnahm. Während dieser Zeit verhielt sich die in zwei Gliedern formierte Eskadron nicht eigentlich unruhig, es herrschte aber doch eine nicht ganz gewöhnliche Stimmung, durch die Erregung von vier an einem Tage glücklich bestandenen Gefechten erklärlich, die sich im leichten Ausbrechen halbunter= drückten Lachens, sowie in halblauten untereinander gewechselten Zurufen äußerte. Auch standen die Pferde nicht ruhig, besonders diejenigen, zwischen denen fremde erbeutete Pferde eingeschoben waren. Nach solchen Glücksfällen schien allen der Auf= stellungsraum zu enge, und solche Reiter und Sieger verlangten sich innerlich, nun im offenen Schwarm auf einen neuen Gegner loszugehen, ein= zuhauen und neue Beutepferde zu packen. In diesem

Augenblicke ritt der Rittmeister Baron Rofrano dicht an die Front seiner Eskadron, und indem er von den etwas schläfrigen blauen Augen die großen Lider hob, kommandierte er vernehmlich, aber ohne seine Stimme zu erheben: „Handpferde auslassen!" Die Schwadron stand totenstill. Nur der Eisenschimmel neben dem Wachtmeister streckte den Hals und berührte mit seinen Nüstern fast die Stirne des Pferdes, auf welchem der Rittmeister saß. Der Rittmeister versorgte seinen Säbel, zog eine seiner Pistolen aus dem Halfter, und indem er mit dem Rücken der Zügelhand ein wenig Staub von dem blinkenden Lauf wegwischte, wiederholte er mit etwas lauterer Stimme sein Kommando und zählte gleich nachher „eins" und „zwei". Nachdem er das „zwei" gezählt hatte, heftete er seinen verschleierten Blick auf den Wachtmeister, der regungslos vor ihm im Sattel saß und ihm starr ins Gesicht sah. Während Anton Lerchs starr aushaltender Blick, in dem nur dann und wann etwas Gedrücktes, Hündisches aufflackerte und wieder verschwand, eine gewisse Art devoten, aus vieljährigem Dienstver

hältniſſe hervorgegangenen Zutrauens ausdrücken
mochte, war ſein Bewußtſein von der ungeheuren
Geſpanntheit dieſes Augenblicks faſt gar nicht er=
füllt, ſondern von vielfältigen Bildern einer fremd=
artigen Behaglichkeit ganz überſchwemmt, und aus
einer ihm ſelbſt völlig unbekannten Tiefe ſeines Innern
ſtieg ein beſtialiſcher Zorn gegen den Menſchen da
vor ihm auf, der ihm das Pferd wegnehmen
wollte, ein ſo entſetzlicher Zorn über das Geſicht,
die Stimme, die Haltung und das ganze Daſein
dieſes Menſchen, wie er nur durch jahrelanges,
enges Zuſammenleben auf geheimnisvolle Weiſe
entſtehen kann. Ob aber in dem Rittmeiſter etwas
Ähnliches vorging, oder ob ſich ihm in dieſem
Augenblicke ſtummer Inſubordination die ganze
lautlos um ſich greifende Gefährlichkeit kritiſcher
Situationen zuſammenzudrängen ſchien, bleibt im
Zweifel: Er hob mit einer nachläſſigen, beinahe
gezierten Bewegung den Arm, und indem er, die
Oberlippe verächtlich hinaufziehend, „drei“ zählte,
krachte auch ſchon der Schuß, und der Wachtmeiſter
taumelte, in die Stirn getroffen, mit dem Ober=

leib auf den Hals seines Pferdes, dann zwischen dem Braun und dem Eisenschimmel zu Boden. Er hatte aber noch nicht hingeschlagen, als auch schon sämtliche Chargen und Gemeinen sich ihrer Beutepferde mit einem Zügelriß oder Fußtritt entledigt hatten und der Rittmeister, seine Pistole ruhig versorgend, die von einem blitzähnlichen Schlag noch nachzuckende Schwadron dem in undeutlicher dämmernder Entfernung anscheinend sich ralliierenden Feinde aufs neue entgegenführen konnte. Der Feind nahm aber die neuerliche Attacke nicht an, und kurze Zeit nachher erreichte das Streifkommando unbehelligt die südliche Vorpostenaufstellung der eigenen Armee.

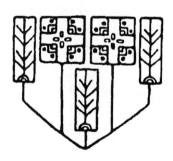

Erlebnis
des Marschalls
v. Bassompierre

1900

M. de Bassompierre, Journal de
ma vie, Köln 1663. Goethe, Unter
haltungen deutscher Ausgewanderten

Zu einer gewissen Zeit meines Lebens brachten
es meine Dienste mit sich, daß ich ziemlich regel=
mäßig mehrmals in der Woche um eine gewisse
Stunde über die kleine Brücke ging (denn der
Pont neuf war damals noch nicht erbaut) und dabei
meist von einigen Handwerkern oder anderen Leuten
aus dem Volk erkannt und gegrüßt wurde, am auf=
fälligsten aber und regelmäßigsten von einer sehr
hübschen Krämerin, deren Laden an einem Schild
mit zwei Engeln kenntlich war, und die, so oft ich
in den fünf oder sechs Monaten vorüber kam, sich
tief neigte und mir soweit nachsah, als sie konnte.
Ihr Betragen fiel mir auf, ich sah sie gleichfalls
an und dankte ihr sorgfältig. Einmal, im Spät=
winter, ritt ich von Fontainebleau nach Paris und
als ich wieder die kleine Brücke heraufkam, trat
sie an ihre Ladentür und sagte zu mir, indem ich
vorbeiritt: „Mein Herr, Ihre Dienerin!" Ich er=
widerte ihren Gruß und, indem ich mich von Zeit

zu Zeit umsah, hatte sie sich weiter vorgelehnt, um mir soweit als möglich nachzusehen. Ich hatte einen Bedienten und einen Postillon hinter mir, die ich noch diesen Abend mit Briefen an gewisse Damen nach Fontainebleau zurückschicken wollte. Auf meinen Befehl stieg der Bediente ab und ging zu der jungen Frau, ihr in meinem Namen zu sagen, daß ich ihre Neigung, mich zu sehen und zu grüßen, bemerkt hätte; ich wollte, wenn sie wünschte, mich näher kennen zu lernen, sie aufsuchen, wo sie verlangte.

Sie antwortete dem Bedienten: Er hätte ihr keine erwünschtere Botschaft bringen können, sie wollte kommen, wohin ich sie bestellte.

Im Weiterreiten fragte ich den Bedienten, ob er nicht etwa einen Ort wüßte, wo ich mit der Frau zusammenkommen könnte? Er antwortete, daß er sie zu einer gewissen Kupplerin führen wollte; da er aber ein sehr besorgter und gewissenhafter Mensch war, dieser Diener Wilhelm aus Courtrai, so setzte er gleich hinzu: Da die Pest sich hie und da zeige und nicht nur Leute aus dem niedrigen und schmutzigen Volk, sondern auch ein Doktor und ein

Domherr schon daran gestorben seien, so rate er
mir, Matratzen, Decken und Leintücher aus meinem
Hause mitbringen zu lassen. Ich nahm den Vor=
schlag an, und er versprach mir ein gutes Bett zu
bereiten. Vor dem Absteigen sagte ich noch, er solle
auch ein ordentliches Waschbecken dorthin tragen,
eine kleine Flasche mit wohlriechender Essenz und
etwas Backwerk und Apfel; auch solle er dafür sorgen,
daß das Zimmer tüchtig geheizt werde, denn es war
so kalt, daß mir die Füße im Bügel steif gefroren
waren, und der Himmel hing voll Schneewolken.

Den Abend ging ich hin und fand eine sehr
schöne Frau von ungefähr zwanzig Jahren auf dem
Bette sitzen, indes die Kupplerin, ihren Kopf und
ihren runden Rücken in ein schwarzes Tuch ein=
gemummt, eifrig in sie hineinredete. Die Tür war
angelehnt, im Kamin lohten große frische Scheiter
geräuschvoll auf, man hörte mich nicht kommen, und
ich blieb einen Augenblick in der Tür stehen. Die
Junge sah mit großen Augen ruhig in die Flamme;
mit einer Bewegung ihres Kopfes hatte sie sich wie
auf Meilen von der widerwärtigen Alten entfernt:

dabei war unter einer kleinen Nachthaube, die sie trug, ein Teil ihrer schweren dunklen Haare vorgequollen und fiel, zu ein paar natürlichen Locken sich ringelnd, zwischen Schulter und Brust über das Hemd. Sie trug noch einen kurzen Unterrock von grünwollenem Zeug und Pantoffeln an den Füßen. In diesem Augenblick mußte ich mich durch ein Geräusch verraten haben: Sie warf ihren Kopf herum und bog mir ein Gesicht entgegen, dem die übermäßige Anspannung der Züge fast einen wilden Ausdruck gegeben hätte, ohne die strahlende Hingebung, die aus den weit aufgerissenen Augen strömte und aus dem sprachlosen Mund wie eine unsichtbare Flamme herausschlug. Sie gefiel mir außerordentlich; schneller als es sich denken läßt, war die Alte aus dem Zimmer und ich bei meiner Freundin. Als ich mir in der ersten Trunkenheit des überraschenden Besitzes einige Freiheiten herausnehmen wollte, entzog sie sich mir mit einer unbeschreiblichen lebenden Eindringlichkeit zugleich des Blickes und der dunkeltönenden Stimme. Im nächsten Augenblick aber fühlte ich mich von ihr umschlungen,

die noch inniger mit dem fort und fort empor=
drängenden Blick der unerschöpflichen Augen als
mit den Lippen und den Armen an mir haftete;
dann wieder war es, als wollte sie sprechen, aber
die von Küssen zuckenden Lippen bildeten keine
Worte, die bebende Kehle ließ keinen deutlicheren
Laut als ein gebrochenes Schluchzen empor.

Nun hatte ich einen großen Teil dieses Tages
zu Pferde auf frostigen Landstraßen verbracht, nachher
im Vorzimmer des Königs einen sehr ärgerlichen
und heftigen Auftritt durchgemacht und darauf,
meine schlechte Laune zu betäuben, sowohl getrunken
als mit dem Zweihänder stark gefochten, und so
überfiel mich mitten unter diesem reizenden und
geheimnisvollen Abenteuer, als ich von weichen
Armen im Nacken umschlungen und mit duftendem
Haar bestreut dalag, eine so plötzliche heftige
Müdigkeit und beinahe Betäubung, daß ich mich
nicht mehr zu erinnern wußte, wie ich denn
gerade in dieses Zimmer gekommen wäre, ja sogar
für einen Augenblick die Person, deren Herz so
nahe dem meinigen klopfte, mit einer ganz anderen

aus früherer Zeit verwechselte und gleich darauf fest einschlief.

Als ich wieder erwachte, war es noch finstere Nacht, aber ich fühlte sogleich, daß meine Freundin nicht mehr bei mir war. Ich hob den Kopf und sah beim schwachen Schein der zusammensinkenden Glut, daß sie am Fenster stand: Sie hatte den einen Laden aufgeschoben und sah durch den Spalt hinaus. Dann drehte sie sich um, merkte, daß ich wach war, und rief (ich sehe noch, wie sie dabei mit dem Ballen der linken Hand an ihrer Wange emporfuhr und das vorgefallene Haar über die Schulter zurückwarf): „Es ist noch lange nicht Tag, noch lange nicht!" Nun sah ich erst recht, wie groß und schön sie war, und konnte den Augenblick kaum erwarten, daß sie mit wenigen der ruhigen großen Schritte ihrer schönen Füße, an denen der rötliche Schein emporglomm, wieder bei mir wäre. Sie trat aber noch vorher an den Kamin, bog sich zur Erde, nahm das letzte schwere Scheit, das draußen lag, in ihre strahlenden nackten Arme und warf es schnell in die Glut. Dann wandte sie sich, ihr

Gesicht funkelte von Flammen und Freude, mit der
Hand riß sie im Vorbeilaufen einen Apfel vom
Tisch und war schon bei mir, ihre Glieder noch
vom frischen Anhauch des Feuers umweht und dann
gleich aufgelöst und von innen her von stärkeren
Flammen durchschüttert, mit der Rechten mich um=
fassend, mit der Linken zugleich die angebissene
kühle Frucht und Wangen, Lippen und Augen
meinem Mund darbietend. Das letzte Scheit im
Kamin brannte stärker als alle anderen. Aufsprühend
sog es die Flamme in sich und ließ sie dann wieder
gewaltig emporlohen, daß der Feuerschein über uns
hinschlug, wie eine Welle, die an der Wand sich
brach und unsere umschlungenen Schatten jäh empor=
hob und wieder sinken ließ. Immer wieder knisterte
das starke Holz und nährte aus seinem Innern
immer wieder neue Flammen, die emporzüngelten
und das schwere Dunkel mit Güssen und Garben
von rötlicher Helle verdrängten. Auf einmal aber
sank die Flamme hin, und ein kalter Lufthauch tat
leise wie eine Hand den Fensterladen auf und ent=
blößte die fahle widerwärtige Dämmerung.

Wir setzten uns auf und wußten, daß nun der Tag da war. Aber das da draußen glich keinem Tag. Es glich nicht dem Aufwachen der Welt. Was da draußen lag, sah nicht aus wie eine Straße. Nichts einzelnes ließ sich erkennen: es war ein farbloser, wesenloser Wust, in dem sich zeitlose Larven hinbewegen mochten. Von irgendwoher, weither, wie aus der Erinnerung heraus, schlug eine Turmuhr, und eine feuchtkalte Luft, die keiner Stunde angehörte, zog sich immer stärker herein, daß wir uns schaudernd aneinander drückten. Sie bog sich zurück und heftete ihre Augen mit aller Macht auf mein Gesicht; ihre Kehle zuckte, etwas drängte sich in ihr herauf und quoll bis an den Rand der Lippen vor: Es wurde kein Wort daraus, kein Seufzer und kein Kuß, aber etwas, was ungeboren allen dreien glich. Von Augenblick zu Augenblick wurde es heller und der vielfältige Ausdruck ihres zuckenden Gesichts immer redender; auf einmal kamen schlürfende Schritte und Stimmen von draußen so nahe am Fenster vorbei, daß sie sich duckte und ihr Gesicht gegen die Wand kehrte. Es waren zwei

Männer, die vorbeigingen: Einen Augenblick fiel
der Schein einer kleinen Laterne, die der eine trug,
herein; der andere schob einen Karren, dessen Rad
knirschte und ächzte. Als sie vorüber waren, stand
ich auf, schloß den Laden und zündete ein Licht an.
Da lag noch ein halber Apfel: Wir aßen ihn zusammen, und dann fragte ich sie, ob ich sie nicht
noch einmal sehen könnte, denn ich verreise erst
Sonntag. Dies war aber die Nacht vom Donnerstag
auf den Freitag gewesen.

Sie antwortete mir: Daß sie es gewiß sehnlicher
verlange als ich; wenn ich aber nicht den ganzen
Sonntag bliebe, sei es ihr unmöglich: denn nur
in der Nacht vom Sonntag auf den Montag könnte
sie mich wiedersehen.

Mir fielen zuerst verschiedene Abhaltungen ein,
so daß ich einige Schwierigkeiten machte, die sie mit
keinem Worte, aber mit einem überaus schmerzlich
fragenden Blick und einem gleichzeitigen fast unheimlichen Hart- und Dunkelwerden ihres Gesichts
anhörte. Gleich darauf versprach ich natürlich, den
Sonntag zu bleiben, und setzte hinzu, ich wollte

also Sonntag Abend mich wieder an dem näm=
lichen Ort einfinden. Auf dieses Wort sah sie mich
fest an und sagte mir mit einem ganz rauhen und
gebrochenen Ton in der Stimme: „Ich weiß recht
gut, daß ich um deinetwillen in ein schändliches
Haus gekommen bin; aber ich habe es freiwillig
getan, weil ich mit dir sein wollte, weil ich jede
Bedingung eingegangen wäre. Aber jetzt käme ich
mir vor, wie die letzte niedrigste Straßendirne,
wenn ich ein zweitesmal hieher zurückkommen könnte.
Um deinetwillen hab' ich's getan, weil du für mich
der bist, der du bist, weil du der Bassompierre
bist, weil du der Mensch auf der Welt bist, der
mir durch seine Gegenwart dieses Haus da ehren=
wert macht!" Sie sagte: „Haus;" einen Augenblick
war es, als wäre ein verächtlicheres Wort ihr auf
der Zunge; indem sie das Wort aussprach, warf
sie auf diese vier Wände, auf dieses Bett, auf die
Decke, die herabgeglitten auf dem Boden lag, einen
solchen Blick, daß unter der Garbe von Licht, die
aus ihren Augen hervorschoß, alle diese häßlichen
und gemeinen Dinge aufzuzucken und geduckt vor

ihr zurückzuweichen schienen, als wäre der erbärm=
liche Raum wirklich für einen Augenblick größer
geworden.

Dann setzte sie mit einem unbeschreiblich sanften
und feierlichen Tone hinzu: „Möge ich eines elenden
Todes sterben, wenn ich außer meinem Mann und
dir je irgendeinem andern gehört habe und nach
irgendeinem anderen auf der Welt verlange!"
und schien, mit halboffenen, lebenhauchenden Lippen
leicht vorgeneigt, irgendeine Antwort, eine Beteue=
rung meines Glaubens zu erwarten, von meinem
Gesicht aber nicht das zu lesen, was sie verlangte,
denn ihr gespannter suchender Blick trübte sich, ihre
Wimpern schlugen auf und zu, und auf einmal war
sie am Fenster und kehrte mir den Rücken, die
Stirn mit aller Kraft an den Laden gedrückt, den
ganzen Leib von lautlosem, aber entsetzlich heftigem
Weinen so durchschüttert, daß mir das Wort im
Munde erstarb und ich nicht wagte, sie zu berühren.
Ich erfaßte endlich eine ihrer Hände, die wie leblos
herabhingen, und mit den eindringlichsten Worten,
die mir der Augenblick eingab, gelang es mir nach

langem, sie soweit zu besänftigen, daß sie mir ihr
von Tränen überströmtes Gesicht wieder zukehrte,
bis plötzlich ein Lächeln, wie ein Licht zugleich aus
den Augen und rings um die Lippen hervorbrechend,
in einem Moment alle Spuren des Weinens weg=
zehrte und das ganze Gesicht mit Glanz über=
schwemmte. Nun war es das reizendste Spiel, wie
sie wieder mit mir zu reden anfing, indem sie sich
mit dem Satz: „Du willst mich noch einmal sehen?
so will ich dich bei meiner Tante einlassen!" endlos
herumspielte, die erste Hälfte zehnfach aussprach,
bald mit süßer Zudringlichkeit, bald mit kindischem
gespielten Mißtrauen, dann die zweite mir als das
größte Geheimnis zuerst ins Ohr flüsterte, dann
mit Achselzucken und spitzem Mund, wie die selbst=
verständlichste Verabredung von der Welt, über die
Schulter hinwarf und endlich, an mir hängend,
mir ins Gesicht lachend und schmeichelnd wieder=
holte. Sie beschrieb mir das Haus aufs genaueste,
wie man einem Kind den Weg beschreibt, wenn es
zum erstenmal allein über die Straße zum Bäcker
gehen soll. Dann richtete sie sich auf, wurde ernst

— und die ganze Gewalt ihrer strahlenden Augen
heftete sich auf mich mit einer solchen Stärke, daß
es war, als müßten sie auch ein totes Geschöpf an
sich zu reißen vermögend sein — und fuhr fort:
„Ich will dich von zehn Uhr bis Mitternacht er=
warten und auch noch später und immerfort, und die
Tür unten wird offen sein. Erst findest du einen
kleinen Gang, in dem halte dich nicht auf, denn da
geht die Tür meiner Tante heraus. Dann stößt dir
eine Treppe entgegen, die führt dich in den ersten
Stock, und dort bin ich!" Und indem sie die Augen
schloß, als ob ihr schwindelte, warf sie den Kopf
zurück, breitete die Arme aus und umfing mich,
und war gleich wieder aus meinen Armen und in
die Kleider eingehüllt, fremd und ernst, und aus
dem Zimmer; denn nun war völlig Tag.

Ich machte meine Einrichtung, schickte einen Teil
meiner Leute mit meinen Sachen voraus und
empfand schon am Abend des nächsten Tages eine
so heftige Ungeduld, daß ich bald nach dem Abend-
läuten mit meinem Diener Wilhelm, den ich aber
kein Licht mitnehmen hieß, über die kleine Brücke

6*

ging, um meine Freundin wenigstens in ihrem Laden oder in der daranstoßenden Wohnung zu sehen und ihr allenfalls ein Zeichen meiner Gegenwart zu geben, wenn ich mir auch schon keine Hoffnung auf mehr machte, als etwa einige Worte mit ihr wechseln zu können.

Um nicht aufzufallen, blieb ich an der Brücke stehen und schickte den Diener voraus, um die Gelegenheit auszukundschaften. Er blieb längere Zeit aus und hatte beim Zurückkommen die niedergeschlagene und grübelnde Miene, die ich an diesem braven Menschen immer kannte, wenn er einen meinigen Befehl nicht hatte erfolgreich ausführen können. „Der Laden ist versperrt," sagte er, „und scheint auch niemand darinnen. Überhaupt läßt sich in den Zimmern, die nach der Gasse zu liegen, niemand sehen und hören. In den Hof könnte man nur über eine hohe Mauer, zudem knurrt dort ein großer Hund. Von den vorderen Zimmern ist aber eines erleuchtet, und man kann durch einen Spalt im Laden hineinsehen, nur ist es leider leer."

Mißmutig wollte ich schon umkehren, strich aber

doch noch einmal langsam an dem Haus vorbei,
und mein Diener in seiner Beflissenheit legte noch
mals sein Auge an den Spalt, durch den ein Licht
schimmer drang, und flüsterte mir zu, daß zwar
nicht die Frau, wohl aber der Mann nun in dem
Zimmer sei. Neugierig, diesen Krämer zu sehen,
den ich mich nicht erinnern konnte, auch nur ein
einzigesmal in seinem Laden erblickt zu haben, und
den ich mir abwechselnd als einen unförmlichen
dicken Menschen oder als einen dürren gebrechlichen
Alten vorstellte, trat ich ans Fenster und war über
aus erstaunt, in dem guteingerichteten vertäfelten
Zimmer einen ungewöhnlich großen und sehr gut
gebauten Mann umhergehen zu sehen, der mich
gewiß um einen Kopf überragte und, als er sich
umdrehte, mir ein sehr schönes tiefernstes Gesicht
zuwandte, mit einem braunen Bart, darin einige
wenige silberne Fäden waren, und mit einer Stirn
von fast seltsamer Erhabenheit, so daß die Schläfen
eine größere Fläche bildeten, als ich noch je bei
einem Menschen gesehen hatte. Obwohl er ganz
allein im Zimmer war, so wechselte doch sein Blick,

seine Lippen bewegten sich, und indem er unter
dem Auf= und Abgehen hie und da stehen blieb,
schien er sich in der Einbildung mit einer anderen
Person zu unterhalten: einmal bewegte er den Arm,
wie um eine Gegenrede mit halb nachsichtiger Über=
legenheit wegzuweisen. Jede seiner Gebärden war
von großer Lässigkeit und fast verachtungsvollem
Stolz, und ich konnte nicht umhin, mich bei seinem
einsamen Umhergehen lebhaft des Bildes eines sehr
erhabenen Gefangenen zu erinnern, den ich im Dienst
des Königs während seiner Haft in einem Turm=
gemach des Schlosses zu Blois zu bewachen hatte.
Diese Ähnlichkeit schien mir noch vollkommener zu
werden, als der Mann seine rechte Hand emporhob
und auf die emporgekrümmten Finger mit Auf=
merksamkeit, ja mit finsterer Strenge hinabsah.

Denn fast mit der gleichen Gebärde hatte ich
jenen erhabenen Gefangenen öfter einen Ring
betrachten sehen, den er am Zeigefinger der rechten
Hand trug und von welchem er sich niemals trennte.
Der Mann im Zimmer trat dann an den Tisch,
schob die Wasserkugel vor das Wachslicht und brachte

seine beiden Hände in den Lichtkreis, mit aus=
gestreckten Fingern: er schien seine Nägel zu betrachten.
Dann blies er das Licht aus und ging aus dem
Zimmer und ließ mich nicht ohne eine dumpfe
zornige Eifersucht zurück, da das Verlangen nach
seiner Frau in mir fortwährend wuchs und wie
ein umsichgreifendes Feuer sich von allem nährte,
was mir begegnete und so durch diese unerwartete
Erscheinung in verworrener Weise gesteigert wurde,
wie durch jede Schneeflocke, die ein feuchtkalter
Wind jetzt zertrieb und die mir einzeln an Augen=
brauen und Wangen hängen blieben und schmolzen.

Den nächsten Tag verbrachte ich in der nutz=
losesten Weise, hatte zu keinem Geschäft die richtige
Aufmerksamkeit, kaufte ein Pferd, das mir eigentlich
nicht gefiel, wartete nach Tisch dem Herzog von
Nemours auf und verbrachte dort einige Zeit mit
Spiel und mit den albernsten und widerwärtigsten
Gesprächen. Es war nämlich von nichts anderem
die Rede, als von der in der Stadt immer heftiger
umsichgreifenden Pest, und aus allen diesen Edel
leuten brachte man kein anderes Wort heraus als

dergleichen Erzählungen von dem schnellen Ver=
scharren der Leichen, von dem Strohfeuer, das man
in den Totenzimmern brennen müsse, um die giftigen
Dünste zu verzehren, und so fort: der Albernste
aber erschien mir der Kanonikus von Chandieu,
der, obwohl dick und gesund wie immer, sich nicht
enthalten konnte, unausgesetzt nach seinen Finger=
nägeln hinabzuschielen, ob sich an ihnen schon das
verdächtige Blauwerden zeige, womit sich die Krankheit
anzukündigen pflegt.

Mich widerte das alles an, ich ging früh nach
Hause und legte mich zu Bette, fand aber den
Schlaf nicht, kleidete mich vor Ungeduld wieder an
und wollte, koste es was es wolle, dorthin, meine
Freundin zu sehen, und müßte ich mit meinen
Leuten gewaltsam eindringen. Ich ging ans Fenster,
meine Leute zu wecken, die eisige Nachtluft brachte
mich zur Vernunft, und ich sah ein, daß dies der
sichere Weg war, alles zu verderben. Angekleidet
warf ich mich aufs Bett und schlief endlich ein.

Ähnlich verbrachte ich den Sonntag bis zum
Abend, war viel zu früh in der bezeichneten Straße,

zwang mich aber, in einer Nebengasse auf- und
niederzugehen, bis es zehn Uhr schlug. Dann fand
ich sogleich das Haus und die Tür, die sie mir
beschrieben hatte, und die Tür auch offen, und dahinter den Gang und die Treppe. Oben aber die
zweite Tür, zu der die Treppe führte, war verschlossen, doch ließ sie unten einen feinen Lichtstreif
durch. So war sie drinnen und wartete und stand
vielleicht horchend drinnen an der Tür, wie ich
draußen. Ich kratzte mit dem Nagel an der Tür,
da hörte ich drinnen Schritte: es schienen mir
zögernd unsichere Schritte eines nackten Fußes.
Eine Zeit stand ich ohne Atem und dann fing ich
an zu klopfen: aber ich hörte eine Mannesstimme,
die mich fragte, wer draußen sei. Ich drückte mich
ans Dunkel des Türpfostens und gab keinen Laut
von mir: die Tür blieb zu und ich klomm mit der
äußersten Stille, Stufe für Stufe, die Stiege hinab,
schlich den Gang hinaus ins Freie und ging, mit
pochenden Schläfen und zusammengebissenen Zähnen,
glühend vor Ungeduld, einige Straßen auf und ab.
Endlich zog es mich wieder vor das Haus: ich

wollte noch nicht hinein; ich fühlte, ich wußte, sie
würde den Mann entfernen, es müßte gelingen,
gleich würde ich zu ihr können. Die Gasse war
eng; auf der anderen Seite war kein Haus, sondern
die Mauer eines Klostergartens: an der drückte
ich mich hin und suchte von gegenüber das Fenster
zu erraten. Da loderte in einem, das offen stand,
im oberen Stockwerk, ein Schein auf und sank
wieder ab, wie von einer Flamme. Nun glaubte ich
alles vor mir zu sehen: sie hatte ein großes Scheit
in den Kamin geworfen wie damals, wie damals
stand sie jetzt mitten im Zimmer, die Glieder
funkelnd von der Flamme, oder saß auf dem Bette
und horchte und wartete. Von der Tür würde ich
sie sehen und den Schatten ihres Nackens, ihrer
Schultern, den die durchsichtige Stelle an der Wand
hob und senkte. Schon war ich im Gang, schon auf
der Treppe; nun war auch die Tür nicht mehr
verschlossen: angelehnt, ließ sie auch seitwärts den
schwankenden Schein durch. Schon streckte ich die
Hand nach der Klinke aus, da glaubte ich drinnen
Schritte und Stimmen von mehreren zu hören.
Ich wollte es aber nicht glauben: ich nahm es für
das Arbeiten meines Blutes in den Schläfen, am

Halse, und für das Lodern des Feuers drinnen. Auch damals hatte es laut gelodert. Nun hatte ich die Klinke gefaßt, da mußte ich begreifen, daß Menschen drinnen waren, mehrere Menschen. Aber nun war es mir gleich: denn ich fühlte, ich wußte, sie war auch drinnen, und sobald ich die Türe auf= stieß, konnte ich sie sehen, sie ergreifen, und, wäre es auch aus den Händen anderer, mit einem Arm sie an mich reißen, müßte ich gleich den Raum für sie und mich mit meinem Degen, mit meinem Dolch aus einem Gewühl schreiender Menschen heraus= schneiden! Das einzige, was mir ganz unerträglich schien, war, noch länger zu warten.

Ich stieß die Tür auf und sah:

In der Mitte des leeren Zimmers ein paar Leute, welche Bettstroh verbrannten, und bei der Flamme, die das ganze Zimmer erleuchtete, abgekratzte Wände, deren Schutt auf dem Boden lag, und an einer Wand einen Tisch, auf dem zwei nackte Körper ausgestreckt lagen, der eine sehr groß, mit zugedecktem Kopf, der andere kleiner, gerade an der Wand hingestreckt, und daneben der schwarze Schatten seiner Formen, der emporspielte und wieder sank.

Ich taumelte die Stiege hinab und stieß vor

dem Haus auf zwei Totengräber: der eine hielt mir seine kleine Laterne ins Gesicht und fragte mich, was ich suche? Der andere schob seinen ächzenden, knirschenden Karren gegen die Haustür. Ich zog den Degen, um sie mir vom Leibe zu halten, und kam nach Hause. Ich trank sogleich drei oder vier große Gläser schweren Weins und trat, nachdem ich mich ausgeruht hatte, den anderen Tag die Reise nach Lothringen an.

Alle Mühe, die ich mir nach meiner Rückkunft gegeben, irgend etwas von dieser Frau zu erfahren, war vergeblich. Ich ging sogar nach dem Laden mit den zwei Engeln; allein die Leute, die ihn jetzt inne hatten, wußten nicht, wer vor ihnen darin gesessen hatte.

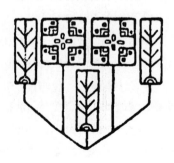

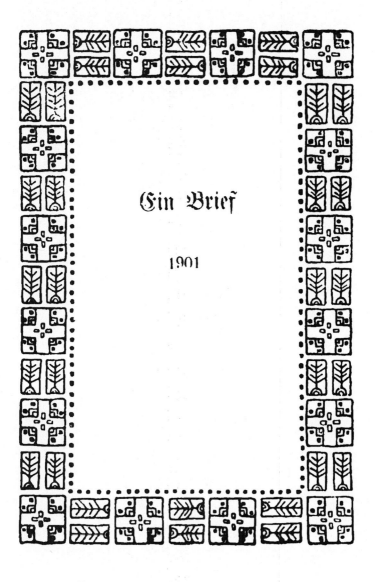

Ein Brief

1901

Dies ist der Brief, den Philipp Lord Chandos, jüngerer Sohn des Earl of Bath, an Francis Bacon, später Lord Verulam und Viscount St. Albans, schrieb, um sich bei diesem Freunde wegen des gänzlichen Verzichtes auf literarische Betätigung zu entschuldigen.

*

Es ist gütig von Ihnen, mein hochverehrter Freund, mein zweijähriges Stillschweigen zu über-sehen und so an mich zu schreiben. Es ist mehr als gütig, Ihrer Besorgnis um mich, Ihrer Befremdung über die geistige Starrnis, in der ich Ihnen zu versinken scheine, den Ausdruck der Leichtigkeit und des Scherzes zu geben, den nur große Menschen, die von der Gefährlichkeit des Lebens durchdrungen und dennoch nicht entmutigt sind, in ihrer Gewalt haben.

Sie schließen mit dem Aphorisma des Hippokrates: „Qui gravi morbo correpti dolores non sentiunt,

iis mens aegrotat" und meinen, ich bedürfe der
Medizin nicht nur, um mein Übel zu bändigen,
sondern noch mehr, um meinen Sinn für den Zu=
stand meines Innern zu schärfen. Ich möchte Ihnen
so antworten, wie Sie es um mich verdienen,
möchte mich Ihnen ganz aufschließen und weiß nicht,
wie ich mich dazu nehmen soll. Kaum weiß ich, ob
ich noch derselbe bin, an den Ihr kostbarer Brief
sich wendet; bin denn ich's, der nun Sechsund=
zwanzigjährige, der mit neunzehn jenen „neuen
Paris", jenen „Traum der Daphne", jenes „Epi=
thalamium" hinschrieb, diese unter dem Prunk ihrer
Worte hintaumelnden Schäferspiele, deren eine himm=
lische Königin und einige allzu nachsichtige Lords
und Herren sich noch zu entsinnen gnädig genug
sind? Und bin ich's wiederum, der mit dreiund=
zwanzig unter den steinernen Lauben des großen
Platzes von Venedig in sich jenes Gefüge latei=
nischer Perioden fand, dessen geistiger Grundriß
und Aufbau ihn im Innern mehr entzückte als die
aus dem Meer anstauchenden Bauten des Palladio
und Sansovin? Und konnte ich, wenn ich anders

derselbe bin, alle Spuren und Narben dieser Aus=
geburt meines angespanntesten Denkens so völlig
aus meinem unbegreiflichen Innern verlieren, daß
mich in Ihrem Brief, der vor mir liegt, der Titel
jenes kleinen Traktates fremd und kalt anstarrt,
ja daß ich ihn nicht als ein geläufiges Bild zu=
sammengefaßter Worte sogleich auffassen, sondern
nur Wort für Wort verstehen konnte, als träten
mir diese lateinischen Wörter, so verbunden, zum
ersten Male vors Auge? Allein ich bin es ja doch
und es ist Rhetorik in diesen Fragen, Rhetorik,
die gut ist für Frauen oder für das Haus der
Gemeinen, deren von unserer Zeit so überschätzte
Machtmittel aber nicht hinreichen, ins Innere der
Dinge zu dringen. Mein Inneres aber muß ich
Ihnen darlegen, eine Sonderbarkeit, eine Unart,
wenn Sie wollen eine Krankheit meines Geistes,
wenn Sie begreifen sollen, daß mich ein ebensolcher
brückenloser Abgrund von den scheinbar vor mir
liegenden literarischen Arbeiten trennt, als von denen,
die hinter mir sind und die ich, so fremd sprechen
sie mich an, mein Eigentum zu nennen zögere.

Ich weiß nicht, ob ich mehr die Eindringlichkeit
Ihres Wohlwollens oder die unglaubliche Schärfe
Ihres Gedächtnisses bewundern soll, wenn Sie mir
die verschiedenen kleinen Pläne wieder hervorrufen,
mit denen ich mich in den gemeinsamen Tagen schöner
Begeisterung trug. Wirklich, ich wollte die ersten
Regierungsjahre unseres verstorbenen glorreichen
Souveräns, des achten Heinrich, darstellen! Die
hinterlassenen Aufzeichnungen meines Großvaters,
des Herzogs von Exeter, über seine Negoziationen
mit Frankreich und Portugal gaben mir eine Art
von Grundlage. Und aus dem Salluft floß in jenen
glücklichen, belebten Tagen wie durch nie verstopfte
Röhren die Erkenntnis der Form in mich herüber,
jener tiefen, wahren, inneren Form, die jenseit des
Geheges der rhetorischen Kunststücke erst geahnt
werden kann, die, von welcher man nicht mehr sagen
kann, daß sie das Stoffliche anordne, denn sie
durchdringt es, sie hebt es auf und schafft Dichtung
und Wahrheit zugleich, ein Widerspiel ewiger Kräfte,
ein Ding, herrlich wie Musik und Algebra. Dies
war mein Lieblingsplan.

Was ist der Mensch, daß er Pläne macht!

Ich spielte auch mit anderen Plänen. Ihr gütiger Brief läßt auch diese heraufschweben. Jedweder vollgesogen mit einem Tropfen meines Blutes, tanzen sie vor mir wie traurige Mücken an einer düsteren Mauer, auf der nicht mehr die helle Sonne der glücklichen Tage liegt.

Ich wollte die Fabeln und mythischen Erzählungen, welche die Alten uns hinterlassen haben, und an denen die Maler und Bildhauer ein endloses und gedankenloses Gefallen finden, aufschließen als die Hieroglyphen einer geheimen, unerschöpflichen Weisheit, deren Anhauch ich manchmal, wie hinter einem Schleier, zu spüren meinte.

Ich entsinne mich dieses Planes. Es lag ihm, ich weiß nicht welche, sinnliche und geistige Lust zugrunde: Wie der gehetzte Hirsch ins Wasser, sehnte ich mich hinein in diese nackten, glänzenden Leiber, in diese Sirenen und Dryaden, diesen Narcissus und Proteus, Perseus und Attäon: verschwinden wollte ich in ihnen und aus ihnen heraus mit Zungen reden. Ich wollte. Ich wollte noch vielerlei.

Ich gedachte eine Sammlung „Apophthegmata" an=
zulegen, wie deren eine Julius Cäsar verfaßt hat:
Sie erinnern die Erwähnung in einem Briefe des
Cicero. Hier gedachte ich die merkwürdigsten Aus=
sprüche nebeneinander zu setzen, welche mir im
Verkehr mit den gelehrten Männern und den geist=
reichen Frauen unserer Zeit oder mit besonderen
Leuten aus dem Volk oder mit gebildeten und aus=
gezeichneten Personen auf meinen Reisen zu sammeln
gelungen wäre; damit wollte ich schöne Sentenzen
und Reflexionen aus den Werken der Alten und
der Jaliener vereinigen, und was mir sonst an gei=
stigen Zieraten in Büchern, Handschriften oder Ge=
sprächen entgegenträte; ferner die Anordnung beson=
ders schöner Feste und Aufzüge, merkwürdige Ver=
brechen und Fälle von Raserei, die Beschreibung
der größten und eigentümlichsten Bauwerke in den
Niederlanden, in Frankreich und Italien und noch
vieles andere. Das ganze Werk aber sollte den
Titel Nosce te ipsum führen.

Um mich kurz zu fassen: Mir erschien damals in
einer Art von andauernder Trunkenheit das ganze

Dasein als eine große Einheit: geistige und körper=
liche Welt schien mir keinen Gegensatz zu bilden, eben=
sowenig höfisches und tierisches Wesen, Kunst und
Unkunst, Einsamkeit und Gesellschaft; in allem
fühlte ich Natur, in den Verirrungen des Wahn=
sinns ebensowohl wie in den äußersten Verfeine=
rungen eines spanischen Zeremoniells; in den Tölpel=
haftigkeiten junger Bauern nicht minder als in den
süßesten Allegorien; und in aller Natur fühlte
ich mich selber; wenn ich auf meiner Jagdhütte
die schäumende laue Milch in mich hineintrank, die
ein struppiges Mensch einer schönen, sanftäugigen
Kuh aus dem Euter in einen Holzeimer nieder=
molk, so war mir das nichts anderes, als wenn ich
in der dem Fenster eingebauten Bank meines studio
sitzend, aus einem Folianten süße und schäumende
Nahrung des Geistes in mich sog. Das eine war
wie das andere; keines gab dem andern weder an
traumhafter überirdischer Natur, noch an leiblicher
Gewalt nach, und so ging's fort durch die ganze
Breite des Lebens, rechter und linker Hand; überall
war ich mitten drinnen, wurde nie ein Scheinhaftes

gewahr: Oder es ahnte mir, alles wäre Gleichnis
und jede Kreatur ein Schlüssel der andern, und
ich fühlte mich wohl den, der imstande wäre, eine
nach der andern bei der Krone zu packen und mit
ihr so viele der andern aufzusperren, als sie auf=
sperren könnte. So weit erklärt sich der Titel, den
ich jenem enzyklopädischen Buche zu geben gedachte.

Es möchte dem, der solchen Gesinnungen zugäng=
lich ist, als der wohlangelegte Plan einer göttlichen
Vorsehung erscheinen, daß mein Geist aus einer so
aufgeschwollenen Anmaßung in dieses Äußerste von
Kleinmut und Kraftlosigkeit zusammensinken mußte,
welches nun die bleibende Verfassung meines Innern
ist. Aber dergleichen religiöse Auffassungen haben
keine Kraft über mich; sie gehören zu den Spinnen=
netzen, durch welche meine Gedanken durchschießen,
hinaus ins Leere, während soviele ihrer Gefährten dort
hangen bleiben und zu einer Ruhe kommen. Mir
haben sich die Geheimnisse des Glaubens zu einer
erhabenen Allegorie verdichtet, die über den Feldern
meines Lebens steht wie ein leuchtender Regenbogen,
in einer stetigen Ferne, immer bereit, zurückzuweichen,

wenn ich mir einfallen ließe hinzueilen und mich in den Saum seines Mantels hüllen zu wollen.

Aber, mein verehrter Freund, auch die irdischen Begriffe entziehen sich mir in der gleichen Weise. Wie soll ich es versuchen, Ihnen diese seltsamen geistigen Qualen zu schildern, dies Emporschnellen der Fruchtzweige über meinen ausgereckten Händen, dies Zurückweichen des murmelnden Wassers vor meinen dürstenden Lippen?

Mein Fall ist, in Kürze, dieser: Es ist mir völlig die Fähigkeit abhanden gekommen, über irgend etwas zusammenhängend zu denken oder zu sprechen.

Zuerst wurde es mir allmählich unmöglich, ein höheres oder allgemeineres Thema zu besprechen und dabei jene Worte in den Mund zu nehmen, deren sich doch alle Menschen ohne Bedenken geläufig zu bedienen pflegen. Ich empfand ein unerklärliches Unbehagen, die Worte „Geist", „Seele" oder, „Körper" nur auszusprechen. Ich fand es innerlich unmöglich, über die Angelegenheiten des Hofes, die Vorkommnisse im Parlament oder was Sie sonst wollen, ein Urteil herauszubringen. Und dies nicht etwa aus Rücksichten irgendwelcher Art, denn Sie kennen meinen bis zur Leichtfertigkeit gehenden Freimut: Sondern die abstrakten Worte, deren sich doch die Zunge naturgemäß bedienen muß, um irgendwelches Urteil an den Tag zu geben, zerfielen mir im Munde wie modrige Pilze. Es begegnete mir, daß ich meiner vierjährigen Tochter Katharina Pompilia eine kindische Lüge, deren sie sich schuldig gemacht hatte, verweisen und sie auf die Notwendig= keit, immer wahr zu sein, hinführen wollte, und dabei die mir im Munde zuströmenden Begriffe plötzlich eine solche schillernde Färbung annahmen und so ineinander überflossen, daß ich den Satz, so gut es ging, zu Ende haspelnd, so wie wenn mir unwohl geworden wäre und auch tatsächlich bleich im Gesicht und mit einem heftigen Druck auf der Stirn, das Kind allein ließ, die Tür hinter mir zuschlug und mich erst zu Pferde, auf der ein= samen Hutweide einen guten Galopp nehmend, wieder einigermaßen herstellte.

Allmählich aber breitete sich diese Anfechtung aus wie ein um sich fressender Rost. Es wurden mir

auch im familiären und hausbackenen Gespräch alle
die Urteile, die leichthin und mit schlafwandelnder
Sicherheit abgegeben zu werden pflegen, so bedenk=
lich, daß ich aufhören mußte, an solchen Gesprächen
irgend teilzunehmen. Mit einem unerklärlichen Zorn,
den ich nur mit Mühe notdürftig verbarg, erfüllte
es mich, dergleichen zu hören, wie: Diese Sache ist
für den oder jenen gut oder schlecht ausgegangen;
Sheriff R. ist ein böser, Prediger J. ein guter
Mensch; Pächter M. ist zu bedauern, seine Söhne
sind Verschwender: ein anderer ist zu beneiden,
weil seine Töchter haushälterisch sind; eine Familie
kommt in die Höhe, eine andere ist im Hinabsinken.
Dies alles erschien mir so unbeweisbar, so lügen=
haft, so löcherig wie nur möglich. Mein Geist zwang
mich, alle Dinge, die in einem solchen Gespräch vor=
kamen, in einer unheimlichen Nähe zu sehen: So
wie ich einmal in einem Vergrößerungsglas ein
Stück von der Haut meines kleinen Fingers gesehen
hatte, das einem Brachfeld mit Furchen und Höhlen
glich, so ging es mir nun mit den Menschen und
ihren Handlungen. Es gelang mir nicht mehr, sie

mit dem vereinfachenden Blick der Gewohnheit zu
erfassen. Es zerfiel mir alles ſin Teile, die Teile
wieder in Teile, und nichts mehr ließ ſich mit
einem ¡Begriff umſpannen. Die einzelnen Worte
ſchwammen um mich; ſie gerannen zu Augen, die
mich anſtarrten und in die ich wieder hineinſtarren
muß: Wirbel ſind ſie, in die hinabzuſehen mich
ſchwindelt, die ſich unaufhaltſam drehen und durch
die hindurch man ins Leere kommt.

Ich machte einen Verſuch, mich aus dieſem Zu=
ſtand in die geiſtige Welt der Alten hinüberzuretten.
Platon vermied ich; denn mir graute vor der Ge=
fährlichkeit ſeines bildlichen Fluges. Am meiſten
gedachte ich mich an Seneca und Cicero zu halten.
An dieſer Harmonie begrenzter und geordneter Be=
griffe hoffte ich zu geſunden. Aber ich konnte nicht
zu ihnen hinüber. Dieſe Begriffe, ich verſtand ſie
wohl: ich ſah ihr, wundervolles Verhältnisſpiel
vor mir aufſteigen wie herrliche Waſſerkünſte, die
mit goldenen Bällen ſpielen. Ich konnte ſie um=
ſchweben und ſehen, wie ſie zueinander ſpielten:
aber ſie hatten es nur miteinander zu tun, und

das Tiefste, das Persönliche meines Denkens, blieb von ihrem Reigen ausgeschlossen. Es überkam mich unter ihnen das Gefühl furchtbarer Einsamkeit; mir war zumut wie einem, der in einem Garten mit lauter augenlosen Statuen eingesperrt wäre; ich flüchtete wieder ins Freie.

Seither führe ich ein Dasein, das Sie, fürchte ich, kaum begreifen können, so geistlos, so gedankenlos fließt es dahin; ein Dasein, das sich freilich von dem meiner Nachbarn, meiner Verwandten und der meisten landbesitzenden Edelleute dieses Königreiches kaum unterscheidet und das nicht ganz ohne freudige und belebende Augenblicke ist. Es wird mir nicht leicht, Ihnen anzudeuten, worin diese guten Augenblicke bestehen; die Worte lassen mich wiederum im Stich. Denn es ist ja etwas völlig Unbenanntes und auch wohl kaum Benennbares, das, in solchen Augenblicken, irgendeine Erscheinung meiner alltäglichen Umgebung mit einer überschwellenden Flut höheren Lebens wie ein Gefäß erfüllend, mir sich ankündet. Ich kann nicht erwarten, daß Sie mich ohne Beispiel verstehen,

und ich muß Sie um Nachsicht für die Alltäglichkeit
meiner Beispiele bitten. Eine Gießkanne, eine auf
dem Felde verlassene Egge, ein Hund in der Sonne,
ein ärmlicher Kirchhof, ein Krüppel, ein kleines
Bauernhaus, alles dies kann das Gefäß meiner
Offenbarung werden. Jeder dieser Gegenstände
und die tausend anderen ähnlichen, über die sonst
ein Auge mit selbstverständlicher Gleichgültigkeit
hinweggleitet, kann für mich plötzlich in irgend
einem Moment, den herbeizuführen auf keine Weise
in meiner Gewalt steht, ein erhabenes und rührendes
Gepräge annehmen, das auszudrücken mir alle
Worte zu arm scheinen. Ja, es kann auch die be=
stimmte Vorstellung eines abwesenden Gegenstandes
sein, der die unbegreifliche Auserwählung zuteil
wird, mit jener sanft und jäh steigenden Flut gött=
lichen Gefühles bis an den Rand gefüllt zu werden.
So hatte ich unlängst den Auftrag gegeben, den
Ratten in den Milchkellern eines meiner Meierhöfe
ausgiebig Gift zu streuen. Ich ritt gegen Abend
aus und dachte, wie Sie vermuten können, nicht
weiter an diese Sache. Da, wie ich im tiefen,

aufgeworfenen Ackerboden Schritt reite, nichts
Schlimmeres in meiner Nähe als eine aufgescheuchte
Wachtelbrut und in der Ferne über den welligen
Feldern die große sinkende Sonne, tut sich mir im
Innern plötzlich dieser Keller auf, erfüllt mit dem
Todeskampf dieses Volks von Ratten. Alles war in
mir: die mit dem süßlich scharfen Geruch des Giftes
angefüllte kühldumpfe Kellerluft und das Gellen der
Todesschreie, die sich an modrigen Mauern brachen;
diese ineinander geknäulten Krämpfe der Ohnmacht,
durcheinander hinjagenden Verzweiflungen; das
wahnwitzige Suchen der Ausgänge; der kalte Blick
der Wut, wenn zwei einander an der verstopften
Ritze begegnen. Aber was versuche ich wiederum
Worte, die ich verschworen habe! Sie entsinnen
sich, mein Freund, der wundervollen Schilderung
von den Stunden, die der Zerstörung von Alba
Longa vorhergehen, aus dem Livius? Wie sie die
Straßen durchirren, die sie nicht mehr sehen sollen...
wie sie von den Steinen des Bodens Abschied
nehmen. Ich sage Ihnen, mein Freund, dieses trug
ich in mir und das brennende Karthago zugleich;

aber es war mehr, es war göttlicher, tierischer; und es war Gegenwart, die vollste erhabenste Gegenwart. Da war eine Mutter, die ihre sterbenden Jungen um sich zucken hatte und nicht auf die Verendenden, nicht auf die unerbittlichen steinernen Mauern, sondern in die leere Luft, oder durch die Luft ins Unendliche hin Blicke schickte und diese Blicke mit einem Knirschen begleitete! — Wenn ein dienender Sklave voll ohnmächtigen Schauders in der Nähe der erstarrenden Niobe stand, der muß das durchgemacht haben, was ich durchmachte, als in mir die Seele dieses Tieres gegen das ungeheure Verhängnis die Zähne bleckte.

Vergeben Sie mir diese Schilderung, denken Sie aber nicht, daß es Mitleid war, was mich erfüllte. Das dürfen Sie ja nicht denken, sonst hätte ich mein Beispiel sehr ungeschickt gewählt. Es war viel mehr und viel weniger als Mitleid: ein ungeheures Anteilnehmen, ein Hinüberfließen in jene Geschöpfe oder ein Fühlen, daß ein Fluidum des Lebens und Todes, des Traumes und Wachens für einen Augenblick in sie hinübergeflossen ist — von woher? Denn was hätte es mit Mitleid zu tun, was mit begreiflicher menschlicher Gedankenverknüpfung, wenn ich an einem anderen Abend unter einem Nußbaum eine halbvolle Gießkanne finde, die ein Gärtnerbursche dort vergessen hat, und wenn mich diese Gießkanne und das Wasser in ihr, das vom Schatten des Baumes finster ist, und ein Schwimmkäfer, der auf dem Spiegel dieses Wassers von einem dunklen Ufer zum andern rudert, wenn diese Zusammensetzung von Nichtigkeiten mich mit einer solchen Gegenwart des Unendlichen durchschauert, von den Wurzeln der Haare bis ins Mark der Fersen mich durchschauert, daß ich in Worte ausbrechen möchte, von denen ich weiß, fände ich sie, so würden sie jene Cherubim, an die ich nicht glaube, niederzwingen, und daß ich dann von jener Stelle schweigend mich wegkehre und nach Wochen, wenn ich dieses Nußbaums ansichtig werde, mit scheuem seitlichen Blick daran vorübergehe, weil ich das Nachgefühl des Wundervollen, das dort um den Stamm weht, nicht verscheuchen will, nicht vertreiben die mehr als irdischen Schauer, die um das

Buschwerk in jener Nähe immer noch nachwogen. In diesen Augenblicken wird eine nichtige Kreatur, ein Hund, eine Ratte, ein Käfer, ein verkrümmter Apfelbaum, ein sich über den Hügel schlängelnder Karrenweg, ein moosbewachsener Stein mir mehr, als die schönste, hingebendste Geliebte der glück= lichsten Nacht mir je gewesen ist. Diese stummen und manchmal unbelebten Kreaturen heben sich mir mit einer solchen Fülle, einer solchen Gegenwart der Liebe entgegen, daß mein beglücktes Auge auch ringsum auf keinen toten Fleck zu fallen vermag. Es erscheint mir alles, alles, was es gibt, alles, dessen ich mich entsinne, alles, was meine ver= worrensten Gedanken berühren, etwas zu sein. Auch die eigene Schwere, die sonstige Dumpfheit meines Hirnes erscheint mir als etwas; ich fühle ein ent= zückendes, schlechthin unendliches Widerspiel in mir und um mich, und es gibt unter den gegeneinander= spielenden Materien keine, in die ich nicht hinüber= zufließen vermöchte. Es ist mir dann, als bestünde mein Körper aus lauter Chiffern, die mir alles aufschließen. Oder als könnten wir in ein neues, ahnungsvolles Verhältnis zum ganzen Dasein treten, wenn wir anfingen, mit dem Herzen zu denken. Fällt aber diese sonderbare Bezauberung von mir ab, so weiß ich nichts darüber auszusagen; ich könnte dann ebensowenig in vernünftigen Worten darstellen, worin diese mich und die ganze Welt durchwebende Harmonie bestanden und wie sie sich mir fühlbar gemacht habe, als ich ein Genaueres über die inneren Bewegungen meiner Eingeweide oder die Stauungen meines Blutes anzugeben vermöchte.

Von diesen sonderbaren Zufällen abgesehen, von denen ich übrigens kaum weiß, ob ich sie dem Geist oder dem Körper zurechnen soll, lebe ich ein Leben von kaum glaublicher Leere und habe Mühe, die Starre meines Innern vor meiner Frau und vor meinen Leuten die Gleichgültigkeit zu verbergen, welche mir die Angelegenheiten des Besitzes einflößen. Die gute und strenge Erziehung, welche ich meinem seligen Vater verdanke, und die frühzeitige Gewöhnung, keine Stunde des Tages unausgefüllt zu lassen, sind es, scheint mir, allein, welche meinem

Leben nach außen hin einen genügenden Halt und
den meinem Stande und meiner Person an=
gemessenen Anschein bewahren.

Ich baue einen Flügel meines Hauses um und
bringe es zustande, mich mit dem Architekten hie
und da über die Fortschritte seiner Arbeit zu unter=
halten; ich bewirtschafte meine Güter, und meine
Pächter und Beamten werden mich wohl etwas
wortkarger, aber nicht ungütiger als früher finden.
Keiner von ihnen, der mit abgezogener Mütze vor
seiner Haustür steht, wenn ich abends vorüberreite,
wird eine Ahnung haben, daß mein Blick, den er
respektvoll aufzufangen gewohnt ist, mit stiller
Sehnsucht über die morschen Bretter hinstreicht,
unter denen er nach Regenwürmern zum Angeln
zu suchen pflegt, durchs enge, vergitterte Fenster in
die dumpfe Stube taucht, wo in der Ecke das
niedrige Bett mit bunten Laken immer auf einen
zu warten scheint, der sterben will, oder auf einen,
der geboren werden soll; daß mein Auge lange an
den häßlichen jungen Hunden hängt oder an der
Katze, die geschmeidig zwischen Blumenscherben

durchkriecht, und daß es unter all den ärmlichen
und plumpen Gegenständen einer bäurischen Lebens=
weise nach jenem einem sucht, dessen unscheinbare
Form, dessen von niemand beachtetes Daliegen oder
=lehnen, dessen stumme Wesenheit zur Quelle jenes
rätselhaften, wortlosen, schrankenlosen Entzückens
werden kann. Denn mein unbenanntes seliges Ge=
fühl wird eher aus einem fernen, einsamen Hirten=
feuer mir hervorbrechen als aus dem Anblick des
gestirnten Himmels; eher aus dem Zirpen einer
letzten, dem Tode nahen Grille, wenn schon der
Herbstwind winterliche Wolken über die öden Felder
hintreibt, als aus dem majestätischen Dröhnen der
Orgel. Und ich vergleiche mich manchmal in Ge=
danken mit jenem Crassus dem Redner, von dem
berichtet wird, daß er eine zahme Muräne, einen
dumpfen, rotäugigen, stummen Fisch seines Zier=
teiches, so über alle Maßen lieb gewann, daß es
zum Stadtgespräch wurde; und als ihm einmal im
Senat Domitius vorwarf, er habe über den Tod
dieses Fisches Tränen vergossen, und ihn dadurch
als einen halben Narren hinstellen wollte, gab ihm

8*

Crassus zur Antwort: „So habe ich beim Tode
meines Fisches getan, was Ihr weder bei Eurer
ersten noch Eurer zweiten Frau Tod getan habt."

Ich weiß nicht, wie oft mir dieser Crassus mit
seiner Muräne [als ein Spiegelbild meines Selbst,
über den Abgrund der Jahrhunderte hergeworfen,
in den Sinn kommt. Nicht aber wegen dieser
Antwort, die er dem Domitius gab. Die Antwort
brachte die Lacher auf seine Seite, so daß die Sache
in einen Witz aufgelöst war. Mir aber geht die
Sache nahe, die Sache, welche dieselbe geblieben
wäre, auch wenn Domitius um seine Frauen
blutige Tränen des aufrichtigsten Schmerzes ge-
weint hätte. Dann stünde ihm noch immer Crassus
gegenüber, mit seinen Tränen um seine Muräne.
Und über diese Figur, deren Lächerlichkeit und Ver-
ächtlichkeit mitten in einem die erhabensten Dinge
beratenden, weltbeherrschenden Senat so ganz ins
Auge springt, über diese Figur zwingt mich ein
unnennbares Etwas, in einer Weise zu denken,
die mir vollkommen töricht erscheint, im Augenblick,
wo ich versuche sie in Worten auszudrücken.

Das Bild dieses Crassus ist zuweilen nachts in meinem Hirn, wie ein Splitter, um den herum alles schwärt, pulst und kocht. Es ist mir dann, als geriete ich selber in Gärung, würfe Blasen auf, wallte und funkelte. Und das Ganze ist eine Art fieberisches Denken, aber Denken in einem Material, das unmittelbarer, flüssiger, glühender ist als Worte. Es sind gleichfalls Wirbel, aber solche, die nicht wie die Wirbel der Sprache ins Bodenlose zu führen scheinen, sondern irgend= wie in mich selber und in den tiefsten Schoß des Friedens.

Ich habe Sie, mein verehrter Freund, mit dieser ausgebreiteten Schilderung eines unerklärlichen Zu= standes, der gewöhnlich in mir verschlossen bleibt, über Gebühr belästigt.

Sie waren so gütig, Ihre Unzufriedenheit darüber zu äußern, daß kein von mir verfaßtes Buch mehr zu Ihnen kommt, „Sie für das Entbehren meines Umganges zu entschädigen.“ Ich fühlte in diesem Augenblick mit einer Bestimmtheit, die nicht ganz ohne ein schmerzliches Beigefühl war, daß ich auch

im ¦kommenden und im folgenden und in allen
Jahren dieses meines Lebens kein englisches und
kein lateinisches Buch schreiben werde: und dies
aus dem einen Grund, dessen mir peinliche Selt-
samkeit mit ungeblendetem Blick dem vor Ihnen
harmonisch ausgebreiteten Reiche der geistigen und
leiblichen Erscheinungen an seiner Stelle einzuordnen
ich Ihrer unendlichen geistigen Überlegenheit über-
lasse: nämlich weil die Sprache, in welcher nicht
nur zu schreiben, sondern auch zu denken mir vielleicht gegeben wäre, weder die lateinische noch die
englische noch die italienische oder spanische ist,
sondern eine Sprache, von deren Worten mir auch
nicht eines bekannt ist, eine Sprache, in welcher
die stummen Dinge zu mir sprechen, und in welcher
ich vielleicht einst im Grabe vor einem unbekannten
Richter mich verantworten werde.

Ich wollte, es wäre mir gegeben, in die letzten
Worte dieses voraussichtlich letzten Briefes, den ich
an Francis Bacon schreibe, alle die Liebe und
Dankbarkeit, alle die ungemessene Bewunderung zu-
sammenzupressen, die ich für den größten Wohl-

täter meines Geistes, für den ersten Engländer meiner Zeit im Herzen hege und darin hegen werde, bis der Tod es bersten macht.

A. D. 1603, diesen 22. August.

Phi. Chandos.

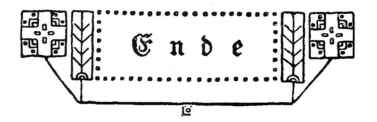

Ende